I0698303

Puerta abierta al
MANICOMIO

Asunción Muñoz Vignau

ISBN: 9798478994907

Diagramación y Portada: Elisa Arraiz Lucca

Tercera edición
Impreso en EUA, 2021

A mis hijos, por su amor.

Prólogo

Imposible resulta para muchos dar crédito a las historias que podemos leer en el presente libro. Su autora, con pleno conocimiento de causa y positivas habilidades para la narrativa, nos va introduciendo en la amarga realidad de una Cuba que pierde su brillo ante la verdad que la sacude, en cada uno de los cuentos que ponen sobre el tapete el día a día de un pueblo que se sumerge entre sus propias aguas.

Puerta abierta al manicomio pega duro al cubano que vivió los hechos junto a los protagonistas de estas historias y desconcierta a quienes no imaginan ni conocen la realidad de la Isla. Yo diría que también es una puerta abierta al mundo exterior, para que entre a conocer la triste intimidad de seres que evitan enloquecer a toda costa. La genialidad de Asunción es absoluta, al usar su propio ritmo intelectual, descubriéndose como escritora cuando transcribe las historias que, durante varios años de ejercer su profesión, pudo conocer desde muy cerca. Pacientes, amigos y conocidos descargaron en la doctora una carga emocional imposible de soportar.

Al adentrarnos en la lectura, estaremos envueltos en diferentes tipos de vivencias, provocándonos la impotencia a muchos de los que nos vestimos con ese mismo traje en algún momento de nuestras vidas, sobre todo en el llamado «período especial», donde cualquier historia de ficción o terror a lo

Alfred Hitchcock, queda muy por debajo de la realidad que aquí se cuenta.

En Asunción Muñoz Vignau, no solo tenemos a la profesional en el área de la Psiquiatría, sino también a una magnifica escritora que con una voz de claros matices, va dejando huellas profundas sobre el campo literario, porque cuenta con un excelente ingrediente que debe tener el buen narrador y, es que ante todo, maneja con acierto el campo de los detalles.

Mi recomendación es invitarlos a la lectura de este libro que nos llevará al conocimiento de un mundo real, pero no publicitado, quizás por constituir el testimonio de miles de cubanos, que bajo las noches de apagones no han podido encontrar la luz de la vela que alumbrará el camino.

PEDRO PABLO PÉREZ SANTIESTEBAN
Editorial Voces de Hoy

Siento un profundo agradecimiento por todos aquellos que hicieron posible este libro, y especialmente por Gisela Núñez, por su generosa ayuda al transcribirlo por primera vez y traerlo a los Estados Unidos.
La autora.

Introducción

Estos cuentos ofrecen una imagen de los sentimientos de frustración, angustia, dolor e inseguridad que las personas desarrollan viviendo dentro de un sistema que aparenta protegerlos y ayudarlos, cuando en realidad los traiciona y engaña, los presiona y tortura solapadamente, dando una falsa imagen de seguridad social. Sus nombres y ciertos detalles significativos han sido cambiados en las historias.

Son una advertencia para otros pueblos, que incautos, creen que el sacrificio que impone el socialismo conduce a un futuro fructífero de amor y próspero en economía.

Son cuentos para otros que también serán traicionados y que no saben que el socialismo no tiene amigos, que sus representantes han pasado un curso de Caudillismo y Tiranía Eternos antes de ocupar sus interminables presidencias.

Son una evidencia de la genial teoría de la pirámide de Maslow: si las necesidades fisiológicas más elementales no son cubiertas, si la seguridad individual y colectiva no se ha conseguido, se pierden los valores éticos y la autoestima o sencillamente, no se logran nunca.

A los personajes de estos cuentos no se les ofrece otra salida que robar, mentir, prostituirse, huir, vivir con una doble moral y aislarse de sus seres queridos. Se descubren a sí mismos recibiendo un tratamiento psicológico «a la inversa».

Pero, sobre todo, el libro está dirigido al exilio cubano, a ese exilio que ha llegado en oleadas, en aparentes capas diferentes que no son más que una: la del pueblo cubano que sufre y espera ver un día la libertad de su país., Aunque hayamos echado otras raíces, aunque hablemos el idioma de otros que nos acogieron generosamente, aunque hayamos aprendido nuevas costumbres, este libro recuerda que la unidad de nuestros sentimientos es lo único que no puede perderse.

LA AUTORA

SERVICIO DE ADMISIÓN

Vilma sintió que un líquido cálido corría entre sus piernas inesperadamente. Ya había tenido un hijo antes, así que entendió en seguida lo que sucedía: estaba de parto. Algo nerviosa llamó a su hermana que vivía en la casa contigua y le pidió que la ayudara. La hermana salió enseguida al portal y gritó, excitada, dirigiéndose a la vivienda de enfrente:

—¡Doctora Norka, venga pronto!

La joven médico de familia se asomó por su ventana e, intuyendo el motivo, corrió escaleras abajo hasta donde estaba Vilma.

—¿Qué hora es? —preguntó, una vez informada.

—Son las ocho y veinte —le contestaron. Algunos niños rezagados entraban en la escuela. Nadie tenía transporte en el vecindario.

—¿Sientes contracciones?

—Una molestia aquí, en bajo vientre.

—Terminaré de vestirme y te acompañaré al policlínico — dijo la doctora con firmeza, tratando de transmitirle seguridad—. Desde allí te trasladaremos en la ambulancia.

Volvió a subir su escalera. Este había sido un embarazo normal, con todas las consultas reglamentarias cumplidas; captado precozmente, los análisis y el ultrasonido perfectos; la presión nunca había subido ni tenía edemas en los pies. Al fin, un caso encomiable que reportar a la dirección del policlínico. Dentro de aquella zona, un barrio marginal de La Habana, se hacía difícil atender a la población. El nivel cultural era muy bajo, las embarazadas no se tomaban las vitaminas ni las tabletas de hierro que les recetaban por considerarlas innecesarias. A veces las llevaba «por el pelo» a la consulta y debía contemplarlas, complacerlas y visitarlas mil veces; manejar a la familia consiguiendo su cooperación, dejarlas convertirse en tiranas a causa de su estado. Cada embarazo era un sobresalto para Norka, una angustia de nueve meses mayor que la de la futura mamá. ¡Ay de ella si aparecían complicaciones! En las reuniones mensuales del policlínico, los responsables del Programa Materno Infantil le exigían y exigían: «acuérdate de que nosotros marchamos a la par que los países desarrollados. Todo para que los niños sean muy saludables».

De Vilma no tenía quejas. Se había comportado muy bien. Era tranquila, dócil, cooperadora. ¡Hasta iba a parir en horario de trabajo, que alivio! y vivía ahí, al alcance de su mano. Norka se estaba peinando, cuando escuchó otro grito, esta vez desgarrador:

—¡Venga ya, doctora!

Bajó de nuevo como en cámara rápida, casi con pánico, y encontró a Vilma revolcándose de los dolores en el suelo del cuarto, sin poderse poner en pie para acostarse sobre su cama.

—Pero ¿y esto? —se alarmó.

—¡Ay, yo no sé! —se justificó la hermana—, empezó de pronto.

—Asómate a ver si encuentras quién nos ayude; algo en que salir de aquí —ordenó Norka.

Se inclinó, palpando a Vilma que se quejaba sudorosa, rezando porque no se perdiera todo a última hora, recordando la política nacional: «la prioridad uno la tiene el Programa Materno Infantil». «¡Y nosotros, que inventemos los recursos!, pensaba Norka, ¿en qué muevo a esta mujer?»

Se puso a contar el número de contracciones uterinas con la mano sobre el vientre de Vilma.

«Está en franco trabajo de parto. ¡Qué rápido!»

—¿Cómo te sientes? —le preguntó a la paciente, asustada ante la idea de que el bebé arribase de forma intempestiva.

Vilma hizo una mueca que no dejaba lugar a dudas: terriblemente adolorida.

La doctora le midió también la tensión arterial y el pulso. Se mantenían en límites normales.

—Respira profundo —indicó— y suelta el aire por la boca. Así. Muy bien. No hay problemas. Ten un poquito de paciencia.

«Me muero yo en vez de ella. Que vengan pronto, madre mía.»

Mientras tanto la hermana advirtió un carro que acababa de parquear junto a la acera. Se trataba de un pequeño ómnibus de turismo, un VERACUBA, como todos le dicen, que iniciaba el recorrido matinal.

—¡Oiga, por favor, mi hermana está de parto!

—Bueno, vamos entonces —aceptó el chofer, comprendiendo que enfrentaba una situación inevitable.

A duras penas subieron a Vilma, que se lamentaba a voz en cuello de no poder soportar el sufrimiento y sin dejar de moverse aún dentro del transporte. La hermana alcanzó la tarjeta de embarazada a la doctora. Norka, que revisó las anotaciones, medidas y tratamiento. «¿No faltará nada? No quiero oír lo que dirán si esto se complica y nos sube la tasa de mortalidad. ¡Y la subdirectora que tenemos! Como el marido pertenece a las Fuerzas Armadas, ella parece que también es militar.»

Habrían andado tres cuadras cuando Vilma comenzó a gritar y a pujar con fuerza.

—¡No puedo aguantar! —dijo entre dientes.

Norka le rompió la ropa interior y le abrió las piernas. Ya asomaba la cabeza del bebé. El bello VERACUBA se ensució de sangre y líquido amniótico desde los asientos hasta la alfombra y la criatura salió disparada en medio de toda aquella confusión, cayendo en manos de su improvisada partera, comenzando a chillar ella también con todas las fuerzas que encontró disponibles.

El aturdido chofer aceleró, y en dos minutos llegaron al policlínico.

Norka bajó corriendo, dejando a Vilma con la hermana, alborotando a todo el personal que iniciaba su trabajo cotidiano.

—¡Apúrense, un parto, un parto! ¡Recién nacido a la vista! —palabras mágicas para la doctora de guardia. Apareció con ojos de genio de la lámpara, esclava del deber, preparada para todo, contraída como un felino a punto de saltar. La enfermera, el laboratorista, el de información, la empleada y hasta los pacientes se proyectaron hacia la puerta entre curiosos y solícitos.

—¡Unas pinzas! ¡Tijeras! ¡Hay que cortar el cordón! —anunciaron. Las cosas aparecieron en medio del tumulto.

Entre las dos doctoras pinzaron y cortaron, radiantes, temblorosas de emoción. Verificaron que el bebé estaba sanito.

—¿Y la ambulancia? Tienen que seguir hasta maternidad.

Como siempre, no había ambulancia, así que al del VERACUBA, aceptando su destino, no le quedó más remedio que llevarla. Vilma, más aliviada, preguntó la fecha.

—Es catorce de julio —contestó la hermana.

En el hospital se recibió el aviso telefónico del parto casi al mismo tiempo que la llegada del carro, así que hubo que andar ligero para preparar el recibimiento. Mientras el personal se disponía, una de las enfermeras se quitó el uniforme y comenzó a vestirse apresuradamente con su ropa de salir.

—Delia, ¿adónde vas? —preguntó atónita una de las enfermeras.

—Llamaron por teléfono...

—Sí, ya lo sé. Viene un recién nacido.

—No, no; no me refiero a esa llamada. Llamó mi mamá —dijo Delia, con voz angustiosa y los ojos llenos de lágrimas—. Una amiga mía ha tenido un problema.

—Procura que sea un gran problema —advirtió su interlocutora—, no deberías irte en esta situación. Llevas muchos años trayendo bebés al mundo, para que te sancionen por uno solamente.

Delia le devolvió una mirada muy triste, sin discutirle. No podía explicar cómo le habían dado la noticia del hundimiento del remolcador Trece de marzo, así, de golpe. Inmersa en sus ocupaciones del hospital, no supo del cruel desastre hasta por la mañana, minutos después del anuncio del parto de Vilma. Y pensó en sus amigos, que la noche anterior trataron de escapar de la isla en aquella nave acompañados por sus dos hijos pequeños.

—Subieron muchísimas personas a bordo —le explicó su madre— pero los hicieron naufragar con mangueras de agua, desde otros dos remolcadores.

—No entiendo —contestó Delia aturdida—. ¿Cómo dices que fue?

—A chorro limpio, como te cuento, y no valió de nada que supieran que iban criaturas. Dicen que muchísimas personas se ahogaron, la mayoría mujeres y niños. No se sabe nada de Tamara y los dos muchachos. Deja que oigas las noticias en las emisoras de afuera.

«¡Dios mío, pero ¡cómo pudieron hundirlos, si sabían que viajaban inocentes! Así, a sangre fría. ¿Y esos no son niños también, como los del Programa Materno Infantil? ¿Quién pagará esa culpa, si los que no tienen conciencia quedan de héroes? ¿Cuántos los ensalzarán por volverse contra su propia gente, los de su mismo pueblo que en nada los perjudicaron? No deseaban más que cambiar su destino condenado a la mediocridad del socialismo. ¿Es un delito de guerra acaso para justificar una atrocidad semejante?»

A Delia le costaba trabajo concebir la barbarie. Aunque había vivido los sucesos de la embajada de Perú, no hubiera creído esta historia de no escucharla de labios de su madre. Antes rechazaba cualquier crítica de inmediato, pensando que «los de afuera siempre exageraban». Ahora debía enfrentar la realidad sin vendas en los ojos. Se sintió culpable a causa de haberse codeado con personas que pertenecían a la policía y a la Seguridad del Estado Cubana. «Debí estar ciega», pensó.

Huyendo por el pasillo del piso inferior, tropezó con la camilla de Vilma que penetraba en ese instante por la misma puerta que ella trataba de ganar. Alguien le gritó agresivamente:

—¡No se puede salir por ahí, esto es para entrar! ¿Pero es que no entiende? ¡Aquí sólo se puede entrar!

Mientras Delia se volteaba, una nueva algarabía rodeó a la recién parida. La enfermera de guardia cargó al bebé sonrosado y contraído, que realizaba sus primeros movimientos. Al levantar la vista con su pequeño botín, también advirtió al VERACUBA.

—¡Miren en qué llegó esta criatura, nada menos que en una guagua de turismo! —exclamó—. ¡Y es una hembrita! ¡Qué chica tan inteligente, abriéndose el futuro! ¡Será famosa con los extranjeros! Dime mamá, ¿qué nombre vas a ponerle?

—Dayana —afirmó Vilma, esbozando una sonrisa.

Y el camillero se alejó del umbral anunciando alegremente:

—¡Abran paso señores, que ya llegó Dayana, LA JINETERA

ELECTROSHOCK

Eliezer se movió en la cama y despertó para mirar la claridad del amanecer que penetraba por la ventana entreabierta, rompiendo las penumbras del cuarto, iluminando el contorno de los juguetes de su hijo allá en el closet. El olor del alba y la visión de los juguetes le recordaron su propia infancia, todavía cercana, palpable, con sus días de escuela pródiga, que él abandonó tempranamente a consecuencia de su naturaleza inquieta. También despertó a la vida temprano: a los dieciocho años ya estaba casado y a los veinte, entró en la policía a través del servicio militar. Sus padres eran oficiales de la policía económica y no tuvo problemas para el ingreso. «Entraste por la puerta ancha», le decía la familia, «con buenos antecedentes». Eliezer cumplió su servicio militar y se quedó en ese trabajo porque le hacía falta el sueldo, que, aunque nunca era lo suficiente, resultaba bastante en comparación con lo que hubiera ganado en cualquier otro sitio sin carrera y, además, porque le gustaba aquello, se sentía respetado. Él era un uniforme. Los hombres que él detenía eran «duros» y «difíciles», porque Eliezer pertenecía a Búsqueda y Captura, un departamento en el que se jugaba la vida diariamente, pero desde el cual veía su trabajo como una aventura existencial.

Eliezer medía más de seis pies y pesaba más de doscientas libras. Un Porthos moderno, un José Arcadio Buendía cubano de la década del noventa. En una ocasión tuvo que golpear a alguien que le hacía resistencia, con el puño cerrado en la mandíbula. El vigoroso negro cayó al suelo como un saco de huesos y convulsionó, dejando a todos asustados, y sobre todo a Eliezer, que no tenía idea del poder de su brazo, y que lo vio salir en la ambulancia en vez de salir en la perseguidora, no sin cierto remordimiento injusto.

No era vengativo, ni siquiera abusador; para él todo resultaba sencillo, limpio, esquemático: los malos son malos, delincuentes, y los buenos son ellos, los policías, por eso tienen que perseguir a los bandidos hasta atraparlos y se acabó. Su cabeza contenía una visión binaria de la existencia, algo así como un televisor en blanco y negro, con líneas divisorias bien evidentes. Estaba muy satisfecho de su profesión.

Pero aquella mañana disfrutaba de vacaciones. Y tenía otra misión muy diferente que cumplir. Se levantó, se vistió y montó en el automóvil de su primo para ir a buscar a su hermano Edel.

—¡Vaya, ahí llega el hombre! —dijo Edel saliendo de la casa con una amplia sonrisa. Era solo un año mayor. Su único hermano, graduado de Economía, tranquilo, siempre de buen carácter y de costumbres pacíficas. Criados juntos al amparo de ambos padres como jimaguas, por la poca diferencia de edad. Costaba trabajo pensar que Edel se había ganado la visa en un sorteo de los Estados Unidos; y que se iba a vivir para allá, para casa del enemigo político, del «coco» de la infancia, a casa «de los malos de la película». Edel no era malo, no señor, si era más bueno que el pan y más alegre que una pascua. Ingenuo. No sabía ni manejar. Le había pedido a Eliezer que lo llevara a Villa Clara junto con su mujer y su suegra, que acababa de llegar de los Estados Unidos, para ver a la madre de ella, una viejita enferma.

La suegra de Edel les costearía el pasaje, el chequeo médico, y todos los trámites que el gobierno cubano exige a la gente que se va del país; trámites que se pagan en dólares.

—Ella se gastará todo eso en nosotros. Y en los Estados Unidos es lo único que tendremos para ayudarnos —le dijo Edel—, necesito llevarla a ver a la madre y que le cueste lo menos posible.

Fue un viaje agradable, de familia. Estuvieron casi un fin de semana en Las Villas y regresaron sin dificultades. Para Eliezer resultó una gran distracción: bromearon, tomaron cerveza, contemplaron las carreteras bordeadas por campos, discutieron planes para el futuro. La visitante quedó muy agradecida.

—Cuídate —le dijo Edel a su hermano—, que no se te escape ningún comentario de que estuviste compartiendo con nosotros.

Eliezer sabía que un miembro del Ministerio del Interior no podía relacionarse con personas provenientes de los Estados Unidos, pero en su caso no lograba engarzar su conducta con sentimientos de culpabilidad. Recordaba los trabajos en los que había participado desde sus inicios: la vez que atrapó a un peligroso criminal de noche, dentro de una casa apartada, apuntándole con el arma en la cabeza. Se había jugado la vida persiguiendo a un ladrón que hizo quebrar a una firma extranjera y que quería escapar con más de un millón de dólares por vía marítima. Tenía sus glorias y ya organizaba sus planes de captura. ¿Desconocerían todo eso?

Cuando se reincorporó fue llamado por su jefe y por otros miembros del Departamento de Seguridad, que lo calificaron de traidor.

—Usted ha violado el Ordeno Número Décimo tercero de la Orden Número 1 del Comandante en Jefe. Usted es un oficial del Ministerio del Interior, jefe de un grupo operativo. Su conducta es imperdonable. Tomaremos medidas. ¿Quiere explicarnos algo?

Eliezer los miró fijamente. ¿Cómo se habrían enterado? ¡Utilizó el carro de su primo!

Lacónico, contestó solamente:

—No, señor. Haré un informe solicitando mi baja.

El Teniente Coronel enfureció dentro de su máscara social. No, que va, ¿cómo va a pedir la baja?, ¿y ese lujo? Le harían un informe extenso a Eliezer donde lo acusaban de numerosas y terribles conductas delictivas, según el reglamento establecido: en su hogar se escuchaba Radio Martí, Eliezer se quería quedar con la vivienda del hermano, seguro que alguna vez en su vida había pagado productos a sobre precio en la bolsa negra. Estaba penetrado, corrompido y convirtiéndose en un desafecto. No se aceptaría su solicitud de baja, pues con el enemigo no hay clemencia. La baja sería «por alta conveniencia del servicio».

—¡Coño jefe, pero esa baja es la que le dan a los ladrones y a los delincuentes! —gritó Eliezer, en franco desacuerdo—. ¡Lo único que he hecho es ayudar a mi hermano!

La última respuesta que obtuvo fue:

—Si usted quiere tanto a su hermano, ¿por qué no se va del país junto con él?

Y por primera vez en su vida Eliezer sintió el profundo golpe de la verdad: fue él el abatido, el capturado, el proscripto, el que recibió el puñetazo definitivo que operó en su cerebro, el más violento de todos los cambios

experimentados hasta entonces: su televisor mental adquirió
extraños matices y le transmitió un nuevo mundo de colores.

CAMA 1, SALA DE HOMBRES

El primo de Eliezer, médico especialista en Terapia Intensiva, trabajaba en un importante instituto de la capital. Se había graduado en primer término de médico general, luego cursó tres años para especializarse en Medicina Interna, y, por último, un año más hasta hacerse médico intensivista. Persona habilidosa, poseía una imaginación privilegiada que hubiera podido aplicar todo el tiempo en favor de su carrera, de no haber sido porque en Cuba es imposible dedicarse a algo por entero. El tiempo libre tenía que emplearlo en diseñar objetos necesarios e inexistentes en el mercado, realizar adaptaciones hogareñas con tarecos que eran inservibles y que él convertía en ventiladores, hornos, cocinas, carretones, y ni se sabe cuántas cosas más.

Un día construyó un bote para pescar con su familia, cosa lógica si se tiene en cuenta que vivía en la playa a solo tres cuadras de la costa, que su trabajo era muy tensionante y que él era un ser humano con necesidades de reposo y distracción. Antes de terminar su obra decidió averiguar los pasos que estaban establecidos para inscribir la embarcación en los registros legales que Seguridad del Estado asignaba para tales fines. Sin embargo lo miraron con desconfianza, le preguntaron si pertenecía al Partido Comunista, le dieron una planilla repleta de preguntas del tipo «cuéntame tu vida» y, al final, le aconsejaron que no se metiera en eso «porque es muy peligroso tener un bote en estos tiempos, cualquiera puede robártelo». Tanto lo desencantaron, que el primo pensó en irse del país de verdad y para siempre.

Pasaron tres años. Todos los días contemplaba su obra con nostalgia. Estaba soldado, construido con seis tanques de cincuenta y cinco galones como flotadores, tres a cada lado del bote. Le hizo una proa afilada y una popa preparada para conectarle motor al eje; había espacio para el combustible y consiguió una propela.

En agosto de mil novecientos noventa y cuatro hubo una abrupta salida de balseros, pero el primo pensó que aquello necesitaba un buen terminado todavía, que tirarse al agua con sus dos hijos y su mujer era un riesgo, y que ir a un final no precisado los lanzaría a una aventura de resultados imprevisibles, que podían ahogarse o morir deshidratados, así que se contuvo. Cuando se controlaron las salidas hacia los Estados Unidos, preguntó cómo hacer para echarlo al agua, «total, si ya no hay peligro. Se supone que si no me fui cuando lo permitieron, mucho menos lo haré ahora». Le explicaron que debía ponerse de acuerdo con el responsable de la base de pesca. Y el incauto salió en su búsqueda.

Jacinto se llamaba el responsable. Le dio la mano, se presentó diciendo que sí, que era él, que pertenecía a la Inteligencia y atendía todas las bases del municipio. «¿Qué usted desea? ¡Ah, cómo no! Necesito ver la embarcación primero.» El primo y su mujer se miraron no sin cierta preocupación. «Nos parece demasiado fácil», pensaron.

Jacinto vivía seguro de ser un tipo bien parecido y con don de mando. Tenía una esposa más fea y más vieja y un chiquito idéntico a ella, que pescaba con sus botes a pesar de su corta edad. En realidad, no resistía la casa. Inventaba movilizaciones de varios días, acuartelamientos, súper trabajos para súper hombres de la Inteligencia como él.

Escondía a otra mujer y a otro hijo en Pinar del Rio. Disfrutaba con su doble vida compensatoria, y para evadir sus frustraciones gustaba de hacerse el importante.

Se apareció en casa del primo de Eliezer una noche temprano, alrededor de las ocho, y miró la embarcación detenidamente.

—Mire amigo —exclamó—, ¡esto está buenísimo! Mide más de cinco pies y aunque le entre agua hasta más allá de la mitad, no se hunde. Cada tanque soporta un peso como de mil libras. Para esto no hay mal tiempo. ¿Quién lo hizo?

—Yo —contestó modesto el dueño—, con material de desecho del basurero.

—Le comunicaré a Guardafronteras lo que usted tiene. Después vendré a darle respuesta. Claro, no se puede salir a pescar fuera del bolsón... pero bueno, haremos lo posible por ayudarle, ya que ustedes son personas serias.

Y desapareció. Cansado de esperarlo, el médico fue a su casa dos semanas más tarde.

—¿Cómo está? —preguntó esperanzado—. ¿Ya le dieron respuesta?

Jacinto se demoró en contestarle. Se hacía el misterioso, el circunspecto. La situación era tensa, molesta. Al fin dijo:

—Lo siento, doctor. Lo que usted construyó en realidad cae en la clasificación de «artefacto», algo que no es un verdadero bote. Imagínese si dejáramos que todos los artefactos que andan por ahí pudieran legalizarse...

—Coño, ¡pero si en el río hay montones de botes de espuma de goma! Esos ni parecen botes ni tienen ninguna seguridad —protestó el primo—, y allí están. ¿Por qué no el mío?

—Le estoy explicando —insistió Jacinto—. Si alguien se fuera en su embarcación para los Estados Unidos parecería que nosotros violamos los acuerdos migratorios. Guardafronteras no aprobó el asunto. Si quiere algún bote, podemos facilitarle uno plástico que necesite arreglo; usted lo compra...

—Y luego me paso la vida tratando de conseguir fibra de vidrio y resina epóxica que no se encuentran ni en los centros espirituales. Y en el año dos mil todavía no habré pescado ni una manjúa —contestó el médico visiblemente incómodo.

Jacinto sintió que perdería la paciencia y antes de caer en esa torpeza dijo:

—Tengo órdenes de sacar su embarcación si usted no la destruye en los próximos días. Hay una ley que prohíbe tener esos objetos sin autorización oficial, aún dentro de su casa.

«Pero ¿de cuáles leyes está hablando este cretino? Resulta que ahora te quitan algo que es tuyo, hecho con tu esfuerzo, que no molesta a nadie y que ni siquiera hubieran conocido su existencia de no ser por el propio dueño, por mi propia sinceridad.» El médico se levantó, evitando demostrar sus sentimientos.

—Bueno, lo destruiremos entonces —sentenció.

Necesitaba una planta de soldadura eléctrica. Se la pidió prestada al vecino, pero éste la había prestado a su vez a otra persona que estaba haciendo un trabajo. Los días pasaban insensiblemente, el médico se enfrascó en su labor del instituto y se olvidó del asunto. A las tres semanas se apareció Jacinto con su historia.

—Nosotros le advertimos que ocuparíamos el artefacto, usted no lo ha zafado todavía a pesar del plazo. Mañana temprano, antes de las ocho, vendré a recogerlo.

Algo inenarrable invadió al médico. Algo que corría por sus venas, por su corazón, por su cerebro, por todos sus intersticios corporales, como una rabia líquida y oscura. «No te llevarás mi barco», pensó. Corrió a casa del vecino de la planta y trajo el aparato. Y solo, agresivo, iluminado por los destellos de la soldadura, convertido súbitamente de Esculapio en Vulcano, acometió contra su obra desgarrándole el vientre desde la proa hasta la popa, lo descabezó quitándole la proa, le zafó el tanque del combustible y comenzó a golpearlo con una mandarria perdiendo la razón a las tres de la madrugada.

Su mujer lo llevó a acostarse. Al día siguiente, a las siete de la mañana, llegó Jacinto en un gran camión con cinco hombres. Los hombres miraban a todas partes, como temerosos de lo que iban a hacer. No parecían militares, sino simples ciudadanos del pueblo con ojos resignados como de bueyes que llevan al matadero. El negro alto de la esquina del camión estaba medio acurrucado, casi metiéndose dentro de sí mismo. Y el canoso, bajito y fornido, dijo tristemente al ver la destrucción:

—¡Qué pena! Se ve que estaba tan bueno...

A Jacinto casi le da un ataque. Quería darle un uso muy revolucionario al artefacto.

—¿Quién lo ayudó a hacer esto?

El médico sonrió inmóvil, estático en su ironía, saboreando la incomodidad del otro con espíritu maligno, como sujeto por invisible camisa de fuerza. Y contestó:

—Yo solo. ¡Total, no era más que material desechable del basurero!

DE PASE EL FIN DE SEMANA

Pedro Luis estaba sentado frente a su escritorio. Sus manos jugueteaban con la agenda.

—¡Maldita reunión de hoy —pensó—, estoy harto! ¿Cuándo se darán cuenta de que no se puede comer papel, ni tiempo, ni tanta basura? El salario no alcanza ni para lo más elemental y quieren tenerte entretenido en cosas inútiles las veinticuatro horas del día. Tampoco se dan cuenta que lo de ellos es el teorema del absurdo; te piden que resuelvas los problemas sin base material. No se puede entrenar deportistas sin comida para deportistas, sin equipos adecuados para deportistas. ¿Quién ha visto a un kayakista sin kayak? ¿Quién ha visto veleros sin velas? Hoy mismo lo planteo, que eso no puede ser, que se necesita apoyo de verdad, no palabritas. Sólo les importa que la selección nacional les gane a los americanos. Nada más les preocupa en este mundo.

Se pasó las manos por la cabeza. «Se me está cayendo el pelo por montones», dijo para sí. Pedro Luis, ahora con treinta y seis años, había sido uno de los jóvenes más agraciados de su escuela: alto y fuerte como buen deportista. Ahora estaba gordo y casi calvo, siempre ansioso, durmiendo mal, presionado. Hasta tenía no sé qué enfermedad de la piel, que el médico había dicho era de origen psíquico.

—Este trabajo no hay quien lo resista —musitó— y para colmo, los Guardafronteras todo el tiempo controlándote la vida, a través del Jacinto ése, el jefe de la base de pesca que nos queda al lado. Tiene un registro exacto de cada botecito, por mínimo que sea. ¡Hasta de los surfings de los niños lo tuvieran si pudieran hacerlo! Y Reynaldo que me dijo: «Ve a trabajar a la Escuela de Deportes Náuticos. Es una buena plaza, con perspectivas. Algo relacionado de verdad con lo que tú estudiaste, con la Licenciatura en Deportes.» ¡Pero depende del Ministerio de Educación y falta de todo, no hay suministros adecuados! Y Jacinto ya se ha cogido tres embarcaciones con la historia del apoyo que nos brinda. Lo mejor del caso es que son particulares, son para él, para pescar cuando quiere. Por si fuera poco, cada vez que tiene un problema viene a utilizar nuestros locales.

Me acuerdo del día que dijeron que los americanos estaban violando las aguas de Cuba, cuando los cubanos del exilio se acercaron con sus yates a doce millas náuticas de La Habana, en la Flotilla de la Democracia, protestando contra el régimen. Los de la base de pesca, llamados por los Guardafronteras, fueron movilizados dentro de la Escuela de Deportes para sacarlos a la mar como un simulacro de indignada respuesta popular, en oposición a los cubanos del exilio. No quisiera volver a pasar por eso ni cinco minutos. Colchones en el piso, comida regada, utilización de nuestras instalaciones durante tres días. Tres días fuera de su casa cada uno, total, por gusto. Esos hombres no son más que pescadores, pero están comprometidos. Saben que si no hacen lo que se les dice, se las arreglan para retirarles el permiso de pesca con cualquier pretexto. Y ellos viven fundamentalmente de lo que pescan, no digo yo si se prestan para gritar, alardear o lo que sea. Yo creo que la mayoría de las personas que antes atrapaban huyendo del país en balsas, eran detectadas por los chivatazos de gente de la seguridad infiltradas entre estos tipos. Tienen miedo de señalarse como «desafectos», en un país donde es mejor ser delincuente que opuesto al gobierno. No, si todavía me acuerdo de la cara del negro Roberto cuando vino Jacinto y me lo pidió:

—Préstame un hombre de la escuela para que me ayude a recoger un artefacto en casa de un médico que vive cerca. Pesa mucho, hemos detectado un artefacto peligroso.

«¡No fastidies viejo, peligroso de qué! No puedo decírtelo, pero yo hace mil años que conozco a esa gente.» Y el negro Roberto fue muriéndose de pena, como si tuviera que pararse en la tribuna durante un acto por el veintiséis de Julio, un acto de ésos en los que todo el mundo va por obligación, y mirándose las caras lo saben, qué digo, sin mirárselas siquiera. A mi sí que no me cogen más para comprometerme, paseándome por el pueblo y los demás pensando que soy otro «chiva más», sin comerla ni beberla. Basta de chantaje. Yo me voy del puestecito.

—Oye Pedro Luis, piénsalo bien, viejo. Vas a dejar un buen trabajo.

—Gracias jefe. Aquí hay un subdirector; que suba, que lo coja él si quiere ascender. Yo me siento mal con tantas responsabilidades. Se me está afectando la salud. Además, voy a entregar el carné del Partido.

—¡Pero muchacho! ¿Te has vuelto loco?

Pedro Luis sonrió irónicamente como única respuesta. Dos horas después, cuando volvió la espalda en la reunión, sintió todos los ojos fijos en ella; algunos iracundos, otros desentendidos, los terceros resignados a las deserciones inevitables. Y pensó que no tendría que soportar órdenes irracionales nunca más. Bueno... ¿nunca más?

PSICOFÁRMACOS

Alguien me persigue. Me están mirando fijamente, lo siento en mi cabeza. Una mirada que molesta. No, no voy a comer ahora, esa comida está envenenada, mamá. ¡No me discutas! Tú no sabes, no sabes... se está desgarrando una cosa dentro de mi cuerpo, es mía, soy yo, no sé por qué tienen que burlarse ni decirme que estoy loco. Me molesta que se rían, seguro que es Juan, el pescador que está parado en la esquina observándome. Si no voy y lo detengo me atacará, lo sé, ese sinvergüenza...

—¡Oye Rafael! ¿Qué te pasa compadre, ya empezaste otra vez? —grita Juan, sorprendiéndose al verlo casi sobre él. Hace un ademán de coger una piedra. Rafael se le tira encima con toda la fuerza de su cuerpo, frenético, la mirada extraviada. Había salido del portal de su casa como una flecha sin darle apenas tiempo a reaccionar, a defenderse, ganando los pocos metros de distancia en cuestión de segundos. Levanta el brazo y empieza a golpearlo diciéndole:

—¡Tú no me vas a mirar más, COÑOOOOO...!

Los padres de Rafael se habían dado cuenta de lo que estaba sucediendo y corren tras él desesperados.

—No hijo, no, Juan no quiere perjudicarte. Cálmate, por favor.

Lo sujetan, Rafael forcejea. Juan, maltrecho se separa de su contrincante con cara de pocos amigos. Piensa: «Cuando no es la movilización en la escuelita de deportes, es el loco de al lado. Ahora sí estoy molido de verdad.» La madre de Rafael le pide disculpas, es que su hijo está enfermo, los vecinos lo saben y no le hacen caso, ellos están dándole su tratamiento a ver si mejora.

—Usted debe ingresarlo —dice Juan en tono incómodo. Un grupo de personas los rodea y se les van sumando cada vez más curiosos al grupo—. Usted sabe que él es agresivo. Cualquier día en la calle se lo matan, esto no es un hospital y él no anda por ahí con un cartelito en la frente —se retira, tocándose las partes del cuerpo adoloridas.

Los padres de Rafael entran a la casa con su hijo, sintiendo gran vergüenza por la situación. Pero ellos, ¿qué podían hacer?, era el menor de sus cuatro hijos, estaba enfermo de los nervios desde muy jovencito y no pudo ni terminar la escuela. Siempre decía que querían perjudicarlo, le daba por encerrarse o por ponerse violento y, en varias ocasiones, golpeó a la familia. Antonio y Elisa, sus padres, estaban desesperados buscando algún medicamento nuevo que lograra controlarlo, pero la situación del país no se lo permitía. En los últimos diez años habían oscilado entre los tres o cuatro sedantes ya conocidos sin resultados ostensibles. Alguna que otra donación caritativa resultaba favorable, pero eran pequeñas lagunas de paz dentro de un inmenso valle de permanente zozobras, ya que las donaciones son apenas un aporte eventual con el que no se cuenta de manera estable. En una oportunidad le explicaron a Elisa que podría conseguir algún tratamiento novedoso en el Centro de Investigaciones Médico-Quirúrgicas, siempre que lo atendiera allí. Ella sonrió con escepticismo. Sabía muy bien que el CIMEQ es un centro para miembros de Seguridad del Estado, y aunque su familia había sido siempre muy revolucionaria, no tenía ese derecho. Oyó el comentario de que una conocida del reparto se ponía unas inyecciones cuyo efecto duraba varios días, pero esta persona tenía otro nivel de vida, recibía dólares del extranjero. A Rafael ya le habían puesto un tipo de inyección parecida en el Hospital Psiquiátrico de La Habana —antiguo Mazorra— durante su último ingreso, pero se había terminado el medicamento allí. A su egreso fue enviado para seguimiento a la consulta del policlínico, donde no existe ningún recurso médico.

—Creo que no nos queda otro remedio que llevarlo de nuevo a Mazorra —comentó el padre— y hacerle caso a la doctora del policlínico que recomendó internarlo en un hospital permanentemente. Ella opina que podrá salir de pase con frecuencia.

—Esos trámites son aparte —contestó Elisa—, en Mazorra sólo lo tratan hasta que se mejore. Para internarlo permanentemente tienen que llenarle varios papeles y esperar en una lista a que le llegue el turno. Y esos hospitales son tan malos...

Se le llenaron los ojos de lágrimas. Dolor por ver al hijo enfermo, sin recursos, por presentir el disgusto de ese hijo cuando estuviese lejos y encerrado. Ellos no tenían familiares fuera del país a quienes pedirles nada. Tendrían que contentarse con aquel remedio.

Echaron varios sedantes en la comida de Rafael hasta que se adormiló. Unas horas después lo montaron en el auto de un vecino y lo ingresaron en el Hospital Psiquiátrico de La Habana, donde ya tenía historia clínica por las crisis anteriores. Lo más difícil del mundo es ingresar a un enfermo mental en una sala de psiquiatría de cualquier hospital clínico quirúrgico: nunca hay camas. Las camas son invisibles, aparecen cuando el médico de guardia hace un acto de magia. Si esto no sucede, el paciente va a parar al único lugar que por su tamaño siempre tiene un lugar vacante: el famoso Hospital Psiquiátrico de La Habana.

Antonio miró la vasta sala deprimente donde un sinnúmero de camas se sucedían cubiertas de sábanas de color impreciso. Un paciente dormía con los zapatos puestos, «para que no se los roben», según le explicó una empleada de limpieza, «porque aquí todo se lo cogen, hasta los cepillos de dientes, y luego pelean entre ellos y se tiran los objetos, por eso usted no ve mesitas de noche. No, pero ahora están controlados, porque si no, llamamos a los empleados y los encierran. Los locos saben, los locos son muy inteligentes. ¡Ah! y tráigale comida, porque eso aquí está malísimo, se quedan con tremenda hambre».

El padre de Rafael miró a su hijo, hermoso, fuerte, no parecía un enfermo mental. Tenía una salud de piedra, unos colores rosados en las mejillas y una espalda poderosa envidiables. Tan solo veintiocho años de edad, qué mala suerte ponerse así...

—¿Cómo se portó? —preguntaron en la casa, cuando el padre estuvo de vuelta.

—Muy tranquilo —contestó Antonio—. Pero ese hospital está cada día más deteriorado, más espantoso. Y se tumbó cansado en el sofá—. Hay que ver lo lejos que queda. ¡Y lo difícil que se pone el transporte!

Sobre todo eso. Para llevar a Rafael pagaban siempre una buena suma. Los taxis tienen órdenes de no llevar a ninguna persona que pueda estropear el automóvil, órdenes estrictas de la Empresa. Y las ambulancias son un desastre. Siempre están rotas y, cuando hay una disponible, es para casos graves. (Los locos no son casos graves, no importa cuán enfermos estén.) Tampoco los trasladan cuando caen en crisis, para que no rompan las ambulancias, ¿y para qué tiene que ir urgentemente al hospital un enfermo psiquiátrico, si no está en crisis?

Antonio trató de relajarse. Miró la televisión, estaban poniendo «Día y Noche», un programa cubano. Los extraordinarios agentes de la policía detectaban veneno en los tejidos de un cadáver exhumado ni se sabe cuántos meses después de su fallecimiento. Muy cansado, se acostó a dormir. Diariamente visitaban a Rafael llevándole alimentos. El veinticuatro de julio, Elisa cocinó con esmero y le pidió a su marido que llevara la comida temprano.

—Mira que ahora vienen los tres días feriados y no quiero que pases horas y horas tratando de regresar. Tú sabes que mucha gente está en la calle y muy pocos choferes trabajan por el 26 de Julio.

Cuando Antonio llegó al hospital, Rafael dormía. Trató de despertarlo animándolo con el olor apetitoso de la comida, inútilmente. Pesaba como un plomo. Sacudiéndolo, sentándolo, logró que abriera los ojos y balbuceara que tenía mucha sed. Sacó un pomo con un litro de limonada y lo ayudó como si aún fuera pequeñito. Rafael bebió con desespero.

—No tengo deseos de comer... dame más agua, dame refresco...

Y cayó dormido de nuevo. El padre se sintió incómodo, inútil. Recordó a otra paciente de la sala contigua, que en medio de la crisis se arrodilló a tomar agua de un inodoro porque sentía una sed espantosa, y luego mencionaba ese episodio con repugnancia y resentimiento: «no me daban nada de tomar», contaba llorando.

Habló con la enfermera:

—Por favor, él tiene mucha sed. Quiero ver al médico.

—Sí, cuando se despierte le daremos líquido. Ningún médico está en la sala ahora, no consultarán en tres días, después podrá conversar con ellos. El médico de guardia atiende las urgencias. A los pacientes los sedan para que no interrumpan las actividades que se dan por el 26 de Julio. Imagínese, un enfermo intranquilo y excitado echa a perder cualquier acto político.

Antonio se fue antes de que se hiciera demasiado tarde para el regreso. Por el largo camino de salida pudo apreciar carteles y adornos en conmemoración del asalto del cuartel Moncada. En el hogar todos lo esperaban para tener noticias. Elisa dijo que vería al delegado del Poder Popular por si él podía hacer algo, «porque tenía que conseguirle un asilo a su hijo lo antes posible».

Al atardecer, una representación de Mazorra apareció en la casa de forma inesperada. Antonio y su mujer percibieron anticipadamente la tragedia.

—Venimos a hablar con ustedes. Su hijo tuvo una complicación, un infarto...

—¿Cómo es eso, Dios mío? Cómo, ¿un infarto? ¡Pero si Rafael es saludable, es un roble, es más que normal! ¿Que está muerto? No, ¡imposible! Si está muerto, es porque lo mataron, sí señor, mi hijo no padecía de nada, del corazón mucho menos. ¿Qué le hicieron la autopsia sin preguntarnos, sin contar con nosotros, cuando ni conocíamos que estaba muerto? ¡Para saber de qué se murió! ¡De qué va a ser, Dios mío, de las inyecciones, de los calmantes y de las horas y horas sin probar ni agua...!

Elisa lloraba sin consuelo:

—¡Ay mi hijo, mi hijito querido! ¿Por qué, por qué?

Y Antonio, mudo, la abrazaba sin poder darle consuelo ni protección ni apoyo consistente, sin saber ni qué decirle a su mujer, a la madre de sus hijos con la que había compartido tantos años de felicidad y de desgracias. Sentía un gran dolor, pero sobre todo un profundo sentimiento de impotencia que lo mantuvo anonadado durante todos los trámites que siguieron a aquel terrible momento inicial.

Dos días después del entierro, Elisa acudió a la estación de policía de su pueblo para hacer una denuncia por la muerte de Rafael. Allí le contestaron que los hechos sucedieron en otro municipio, por lo que tenía que denunciarlo allá. Después de tomar tres ómnibus, Elisa esperó varias horas para la entrevista. Cuando explicó la situación, los policías se miraron.

—Lo sentimos, señora. Si hace dos días que lo enterraron, ya no deben quedar restos de nada en su cuerpo. Sería inútil una exhumación. Pero le prometemos que se harán investigaciones en el hospital. Usted sabe que allí tenemos médicos muy buenos.

Pasados seis meses de su solicitud, Elisa sigue sentada en el portal de la casa, esperando el veredicto de esos galenos tan competentes que no pudieron concluir en aquel ingreso el tratamiento psiquiátrico de su hijo.

TURISMO DE SALUD

Se desplazó dentro del auto cómodamente, poniéndose el cinturón de seguridad. Un auto bueno, muy bueno, no como la mayoría de los que circulan por el país. Arrancó, presionó el acelerador y a las pocas cuadras... ¡zas! la gran sorpresa. Allí estaba, diminuta, escuálida, un huesito sin importancia con el pulgar extendido indicando necesidad urgente de transporte, con ojos de «para, por Dios, que hace mil años que no pasa la guagua».

Carlos abrió la puerta:

—Buenas tardes. Entra —dijo.

—Buenas tardes, yo voy para Playa. ¿Usted sigue por Quinta avenida?

—Sí. Yo también voy para allá—. Sonrió amable. ¡Qué alivio! Alguien sencillo con quién conversar. En la mirada se le nota que es un ser llano, sin dobleces, sin la maldad de la vida.

La muchacha lo estaba observando a su vez. Un hombre cincuentón, algo gordo, con acento extranjero. El carro se ve que no es cubano, pero él tiene cara de latino. Menos mal que habla español. ¡Qué suerte que me recogió!

—Oiga, cómo se lo agradezco, si no es por usted no llego nunca a mi casa —dijo ella por fin—, hoy terminamos tarde en el trabajo.

—¿En qué trabajas? —preguntó Carlos.

—Soy programadora de computación.

—Ah, ¿sí? ¿Y cómo te llamas?

—Flor, Flor Menéndez. ¿Y usted?

—Me llamo Carlos Almaguer, para servirla, señorita. Trabajo como Gerente Comercial de la firma que vende este producto—. Y le enseñó el clásico estuche de aquel alimento natural.

Flor sonrió.

—¡Ah, sí! Es muy sabroso.

Carlos también sonrió. Para los cubanos todo esto es muy sabroso, muy bueno, especial. Claro, si nunca lo prueban. Estaba disfrutando del impacto producido por sus palabras, del pequeño sadismo de saberse valorado como alguien importante, como un conquistador en una aldea, mientras que el otro ser humano levantaba la cabeza para mirarlo. Pero enseguida se sintió compasivo. Y sobre todo no podía olvidar su verdadera meta: estaba siempre a la caza de la oportunidad. Charló un poco con Flor sobre cuestiones intrascendentes, hasta que ella dijo:

—Déjeme por aquí. Debo doblar en esta esquina.

—¿Dónde vives? —preguntó Carlos suavemente.

—A tres cuadras más o menos

—Te dejaré allí mismo. Voy muy cerca.

Se detuvo frente a la vivienda, amplia, necesitada de pintura a simple vista. Flor se bajó con cierto embarazo. La hermana se asomó por la ventana, boquiabierta.

—Tal vez nos volvamos a ver —dijo el gerente.

—Para servirlo, muchas gracias de nuevo —contestó la muchacha. El carro echó a andar y la hermana asaltó a la recién llegada:

—¡Oye, qué suerte! ¿Y quién era ése?

—Nada hija, alguien que me dio «botella». Hacía una hora que estaba en la parada...

—¡Pero es extranjero!

—Si, un latinoamericano.

—Y... ¿no se metió contigo?

—No fastidies, chica —protestó Flor—. Yo no sé por qué me trajo hasta aquí, a los extranjeros se les sobran las mujeres. Estoy segura de que no es por eso. Además, tú sabes que yo por nada del mundo me empataría con un viejo.

Y entró tranquilamente a la casa. Pasaron los días. Todo el mundo había olvidado el incidente y los sofocaba el aburrimiento cuando una tarde tocaron a la puerta. Flor abrió. Era Carlos.

—¡Buenas! Bienvenido. ¿Qué se le ofrece? ¿Quiere pasar?

Sí, realmente quería pasar. Si pudiera decírtelo todo, pero eso es imposible por supuesto. Mejor que mantengas siempre esa bella inocencia de cubana marginada que surge como flor de invernadero, en un marco estrecho que desconoce la verdadera naturaleza.

—Vengo a proponerte un negocio. Te pagaré doscientos dólares. Si lo haces bien, después nos pondremos de acuerdo para que hagas algo más. ¿Quieres que te explique?

¡Claro que sí! Si ella gana ciento setenta pesos cubanos al mes, y ese salario no le alcanza ni para cubrir los gastos de la comida, ni para el pasaje, ni para nada. Sabe Dios cuánto cuesta ese trabajo en su país, pero cualquiera se siente orgulloso con una limosna adicional. Una libra de carne de puerco cuesta veinticinco pesos. El arroz está a cinco o seis pesos la libra, el azúcar a tres o cuatro, si la encuentras. Y todos los meses hay que comprar en el mercado negro, porque la cuota mensual es algo puramente político, mera pantalla que malamente alcanzaría para comer la primera semana del mes.

Sin aceite, sin jabón, con sólo siete huevos al mes, sin leche ni para los niños y, sobre todo, sin probar carne jamás.

—¿Y en qué consiste el trabajo?

—Para ti será muy fácil. Revisarás y comprobarás estos vales en la computadora. Son vales de venta...

—¡Es un trabajo de marketing! —exclamó la muchacha, revisando mientras escuchaba—. ¡Ah, sí! Está muy bien

Carlos sonrió, pensando «no, está muy mal. Muy mal hecho». Claro, si lo hizo aquel idiota, sentado delante de la computadora que tiene todos los datos, todas las posibilidades y él sudando a mares y haciéndolo al revés. No es ni graduado de nada, con sus veinte años. Pero lo tienen allí porque es el hijo del gerente principal, y no puedo ni enseñarle cada vez que mete la pata, porque a los cinco minutos suena el teléfono y el jefe sale preguntando qué pasa con su niñito, en qué se equivocó. ¡En qué! En haber nacido tan bruto y en ser «hijito de papito», un cubano del Partido Comunista, incondicional de un gobierno que lo contrata en la firma y en la empresa mixta, aunque tenga el cerebro de estopa. Qué le vamos a hacer si no se puede emplear a nadie directamente, te los mandan «escogidos y selectos», no por su capacidad sino por su ideología, ¡y vienen cada ejemplares!, como el Juliancito ése, el chofer que anda pavoneándose dentro del automóvil, con sus ínfulas de conquistador. O como los vendedores, que emplean más tiempo en darle informaciones a la Seguridad cubana, que en hacer su trabajo. Estoy aburrido de lo mismo. He dejado de ganar muchísimo dinero. La semana pasada no enviaron el producto según el contrato. Si mi país pone los equipos y toda la fábrica, ¿cómo puede costarles tanto trabajo mandar la materia prima? Yo sé por qué no hemos quebrado: el secreto consiste en no tener competencia. Si hubiera otra empresa en el país que produjera lo mismo, estaríamos listos. Menos mal que existen «flores en el mundo».

Carlos recibió a Flor en su oficina en la fecha señalada. Se lanzó sobre los papeles, codicioso. El trabajo había sido minuciosamente revisado y corregido. Flor esperaba nerviosa. Había decidido reunir el dinero y utilizarlo luego en los trámites necesarios para abandonar el país definitivamente.

—Además de que te reclamen —insistió la hermana—, la tarjeta blanca, el pasaporte y el chequeo médico, te costarán muchos dólares. Tienes que ir pensando en ayudar a conseguirlos.

Y estaba pensando en eso cuando alguien tocó a la puerta de la oficina y, casi sin esperar respuesta, la abrió. Un hombre alto, canoso y de buenas facciones se quedó mirándolos. Era bien parecido, y sin embargo la muchacha sintió desagrado. No podía explicar por qué. ¿Algo en la mirada dura y astuta? ¿Algo en la sonrisa disimulada, amarga? Carlos quedó confuso, como cogido in fraganti. Trataba de mantener la compostura. Le presentó la joven a su jefe y se despidió de ella rápidamente, explicándole que la vería después. Se levantó, pero el otro lo detuvo con un gesto.

—No, no te molestes. Yo mismo la acompañaré. Espérame —y salió con Flor, sin dar tiempo a las réplicas, y no sin antes mirar con severidad e intención los papeles recién entregados sobre el buró.

Carlos apoyó los codos y se pasó los dedos por las sienes. «Espérame» tenía un significado para él, bien conocido. No se puede hacer ningún trabajo ni contratar a nadie fuera de la empresa: la información se considera confidencial. Era inútil pedir autorización, pues nunca se la hubieran dado y estaba cansado de arreglar el trabajo del otro. Deseaba comerse las hojas. Cerró los ojos desesperados, presintiendo lo que llegaría con el jefe. Y comprendió que saldría de aquel empleo, de aquel país infernal, más temprano que tarde.

Por su parte Flor siguió pasivamente al Gerente Principal a lo largo del pasillo, que la miró de arriba a abajo sin pudor, con su sonrisa enigmática. Le dijo que era bonita, que a él le gustaban las mujeres delgadas.

—¿Ya saliste con Carlos? —preguntó.

—Yo no... —protestó ella, sorprendida.

—¿Te gustaría salir conmigo? Soy yo quién tiene los dólares.

Flor sintió un nudo en la garganta. Pensó en su viaje, en su necesidad, en los deseos de vivir una vida nueva, diferente, con la libertad de opinión que no tuvo en la escuela. Pensó en Rafael, aquel compañero de aula de su hermano que a ella le gustaba tanto y que después enloqueció y murió en un hospital, y que no pudo tratarse con buenos medicamentos. Pensó en su hermana llevando la economía de la casa siempre con cuentas exactas y protestando por los gastos. Pensó en todos, pensó en sí misma, en sus propios derechos a disfrutar la belleza del amor natural y espontáneo. Y se quedó de pronto parada en la puerta, pensando por último, en lo que habría de decidir.

REHABILITACIÓN

«¿Qué voy a hacer ahora, madre mía? Estoy muerto de hambre como un perro callejero, sin trabajo y hasta sin mujer. Nunca pensé que ellos descubrirían lo que hice, nunca. Ojalá alcance un turno en esta cola para poder comer barato.» Así meditaba cuando me senté y la vi. Le saqué conversación para entre-tenerme, aunque no quería hablarle de mis desgracias. Advirtió mi orgullo, pero hizo caso omiso y allí, me recetó unas gotas para mis oídos, explicándome que era médico, al verme sorprendido por su consulta. No podía menos que disparar una mentira «para no quedar en baja», y recuerdo que le dije:

—Yo trabajo en turismo. Soy mecánico de barcos.

Pero no se lo tragó, por supuesto, mirándome la ropa descolorida sobre mi cuerpo, con una sonrisa mal disimulada. No es nada bonita, pero yo me he asido a tablas mucho peores. Por ejemplo, hace poco anduve con la mulata de la mata de aguacates... se los vendía y resolvía algún dinero. Lástima que se cansó de aguantarme tantas escapadas, y se me acabó la buena vida. De todas formas sus hijas vivían con ella y ya me molestaban, se daban cuenta de que no estaba enamorado de su madre; yo siempre les decía que eran unas borrachas, (aunque no como mi padre, por supuesto,) que me daba de golpes con un cinto por gusto después de tomar hasta caerse, mientras mi madre lo permitía todo, sin un centavo para comprarnos comida, porque siempre fue un cero a la izquierda, una infeliz que parió un montón de hijos y no podía ni alimentarlos. Hasta nombretes nos pusieron en el barrio. El único de mi familia que sirve es mi hermano Arnoldo, ése me da buenos consejos y me ayuda: «vende caro, no seas bobo que a ti te sacan la vida cuando te venden, no tengas compasión de nadie». Los otros son unos estúpidos, el que no es un borracho es un desastre, cualquier día caen presos... Y de las dos hembras mejor ni hablar...

Pero la vida es injusta: miren a Arnoldo la suerte que le tocó, a los dos meses de nacido su hijo cogió la meningitis. Ya casi va a cumplir dos años y ni levanta la cabeza. Bueno, dicen que la cogió en el hospital, donde lo habían ingresado por diarreas... pero para mí que fue «el cambio de vida» que le hicieron al otro muchachito, al de la cunita de al lado. Los especialistas no creen en eso, pero yo sí, yo he visto hacer brujerías otras veces, y con poderes se puede cambiar la enfermedad de una persona para otra. Es como si se intercambiaran sus vidas, sus futuros. Por supuesto, el que está sano no sabe lo que harán con él, como el hijo de Arnoldo que era inocente. En fin, la cuestión es que le conseguí una paloma blanca con un palero y se la pasamos al niño, pero no recogió la brujería, y entonces quise que la doctora lo viera. Si trató de curarme a mí, ¿por qué no a mi sobrino? Ella me dijo que no tenía cura, que existían enfermedades crónicas como el retraso mental.

—Pero Aurora, ¡si es una brujería!

Se burló de mí en un tono cariñoso. «No seas ignorante, Julián. Si quieres les sigo la corriente, yo misma he permitido que despojen a mi familia porque sé que lo hacen de buena voluntad, pero eso no resuelve nada.»

¡Si todo hubiera seguido así! Me dio apoyo cuando supo que yo estaba sin trabajo por poner un cartel contra Fidel.

Me habían dejado en la calle aunque lo escribí en ruso, (porque aprendí un poco de ruso allá en Angola). Aurora me facilitó el dinero que debía pasarle a mis dos antiguas mujeres, para pagar la manutención de mis hijos; las madres ya estaban escandalizando. Trató de ayudarme a conseguir trabajo, no tuvo pena de pasearse conmigo por el pueblo cuando yo no era más que un miserable. Hasta me regaló unos azulejos para que acabara el baño de mi cuartico. Y le dio a mi madre dinero el día de su cumpleaños (dinero que yo recuperé porque mi madre no sabe ni qué se hace con veinte pesos, por supuesto). Pero Aurora es muy inteligente, y se llevó que la estaba engañando con Orquídea.

En realidad yo nunca me sentí feliz en su casa, los hijos me rechazaron siempre.

—Eso no es difícil de resolver —me decía ella— pero eres tú quien debe ganártelos.

No me daba la gana de hacer ese esfuerzo. Lo siento, porque ella con los míos se portó muy bien. A los dos se los traje y les dio la misma comida que a los suyos, hasta les leyó cuentos. Ninguno tuvo queja. Mas yo no sirvo para los muchachos, todavía me acuerdo del día que Aurora me regañó al verme dándole un empujón al hijo de mi hermana mayor: «¡cuidado Julián, que le desprendes el brazo!» Hay que castigarlos. Aurora no piensa así. Por eso los suyos son tan malcriados.

Ella me recondenó la vida cuando comprendí que me vigilaba para aclarar sus dudas. No lo esperaba de ella, que ni siquiera me exigía dinero, estuvo conforme con lo que empecé a ganar en la construcción, y menos mal que conseguí algo. En este país el que dice algo en contra de Fidel no tiene derecho ni a trabajar. A donde quiera que iba me cerraban la puerta después de leer el expediente laboral. Estaba muerto de cansancio tirando mezcla y, a pesar de eso, me escapaba con Orquídea casi a diario. Mi hermano Arnoldo me peleaba diciéndome que no fuera imprudente, que el marido era nada menos que del grupo de la seguridad personal de Fidel Castro, y yo ya estaba frito hacía tiempo; que no me hicieron la vida más inaguantable porque me consideraron sin importancia desde el punto de vista político, y después de todo tenían razón. Puse el cartel impulsado por el despecho de no ser nadie, mi mujer acababa de dejarme deslumbrada por las baratijas que pusieron en las tiendecitas de los Juegos Panamericanos, donde trabajó unas semanas mientras duraron las competencias deportivas. Yo creo que hasta me engañó. Olvidó que dejé a la madre de la niña por ella.

Aurora en cambio me creía un héroe por lo del cartelito, ella me confesó todo su descontento. Hacía años atrás, unos colegas habían sacado provecho de un problema personal que tuvo en su antiguo centro laboral, y trataron de desacreditarla con los jefes para «ganar puntos» y salir del hueco de las desgracias donde se encontraban. Un truco viejo: «si eres malo, si no has dado la talla, búscate a otro y ponlo peor, y di que lo que quiere es crear problemas dentro del grupo». La jefa andaba poniéndole los cuernos a su marido militar de alto rango y tenia que cubrirse a costa de la otra, aunque muchos lo sabían. Aurora había hecho su mayor esfuerzo por realizar un trabajo destacado, total, que la tenían eliminada y ni se lo agradecían. Ella me había dicho que quería salir del país.

Me salvé del problema que me venía encima de milagro. Aurora se había dado cuenta de que yo tomaba algunas cosas de la casa, y de que les inventaba visitas a mis hijos.

—¡Si tú no sabes ni cuándo la niña va a la Escuela al Campo, Julián! —me espetó sin reparos un buen día.

Arnoldo fue quien contactó con sus antiguos compañeros, y ellos le prometieron resolver el problema hablando con el marido de Orquídea, con tal de que yo la desprestigiara de nuevo y de que no fuera a subir dentro de la profesión. Así no les hacía competencia, no vaya a ser que le dieran un buen cursito en el extranjero... Son gentes bien paradas, políticamente influyentes. A ellos no les convenía Aurora, ya habían dicho que era una desorganizada, que no le importaba su carrera, «gusana al fin», y ahora no iban a retractarse. Aurora es una profesional que no se adapta al comunismo... y eso no se publica, lo que se hace es darle una imagen pública de descrédito moral, como mismo les hicieron a los ingenieros que viven en la otra esquina porque no están de acuerdo con el sistema.

Ella se dio cuenta de todo, de que Arnoldo y yo habíamos recurrido a esas personas. Eso fue lo que de verdad la enfureció, a lo mejor hubiéramos terminado sin mayores consecuencias, pero dijo que no toleraría ser chantajeada, que yo no tenía principios políticos ni decencia alguna. Por eso mismo la fastidiamos. El imbécil del marido de Orquídea, además de no complacer a su mujer, tenía el poder de mandar a ponerle escuchas a cualquiera. Dijeron que Aurora quería perjudicar a todo el mundo y le prepararon una buena encerrona con el núcleo del Partido Comunista de su centro de trabajo, porque a gente como ella «hay que reeducarla».

Pero esto es lo mejor: el marido de Orquídea se tuvo que tragar la lengua conmigo. Y por supuesto, con tal de que Aurora no tuviera la razón, me dieron tremendo puestecito en una firma comercial extranjera: ¡Yo, chofer de turismo!

A ella no la dejan desarrollar ni una sola investigación ni la atienden cuando habla. Que se fastidie, total, si lo más fácil del mundo es hacer leña con el árbol caído, sobre todo cuando a eso se le saca la lasca... y si los enfermos siguen igualitos, ¡que se jeringuen también!

Parece hasta mentira. Soy un tipo respetado, un ejemplo de cómo el comunismo perdona a los que rectifican, ellos no se toman venganzas personales, no señor, hay que ver como el marido generoso fue el primero en resolverme el trabajito después que los otros lo llamaron. ¡Nivel nacional es nivel nacional! No importa que pasen las noches cuidando a personajes y descuidando a sus mujeres, lo que importa es cumplir con la causa, quedar bien con los compañeros, que las verdades no se sepan porque ensucian a los de arriba.

Y ahora estoy preparando mi próximo cartelito, esta vez en purísimo castellano: ¡VIVA FIDEL!

CAMA 2, SALA DE MUJERES

La piedra salió disparada y golpeó el local con estrépito.

—No los soporto, no soporto ya ni verlos, por todo lo que nos han hecho...

Oria se miró la mano con asombro. «¿La he tirado yo? Tal vez no sea mi culpa, es que siento rabia de estar en este pueblo tantas horas sin luz, después de tantos días sin agua. ¡Ahorran petróleo a costa nuestra y a ellos no les falta nada!»

En realidad los problemas habían comenzado hacía tres años cuando el esposo de Oria firmó una carta junto con otros trabajadores de su centro donde le pedían a Castro que hiciera reformas políticas en el país. Querían pluripartidismo, apertura de opiniones, cambios en la economía. Se armó un gran revuelo de inmediato. Todos los militantes del Partido Comunista que se atrevieron a semejante osadía quedaron sin carnet y sin trabajo. Al esposo de Oria lo llevaron a Villa Marista (el centro de detención principal de Seguridad del Estado en La Habana), lo entrevistaron durante horas acusándole de disidencia y contrarrevolución y por poco lo enloquecen con sus interrogatorios.

En aquel momento Oria sintió mucho miedo por él y por sus hijos, que aún estaban en la escuela primaria y sufrían sin comprender. Pero el miedo no fue, ni con mucho, la peor parte del cuento.

Oria se había quedado a vivir con Ana, su madre, después de casada. Educada con esmero, era una buena muchacha: habilidosa en las tareas hogareñas, aplicada en sus estudios de ingeniería, simpática, pacífica, «bien adaptada». Agradaba mucho a su madre, una mujer ya retirada de un cargo de oficina dentro de Tropas Especiales —institución del Ministerio del Interior—, que al enviudar solo contaba treinta y ocho años y que ni pensó en la posibilidad de una nueva relación amorosa porque se auto exigía mucho para permitirse deslices sentimentales dentro de su vida super organizada. Ana consiguió lo que deseaba para sus hijos: universidad y aceptación social. Había luchado para eso. Cuando estuvieron preparados para casarse, dividió la casa en dos y el varón se quedó con la parte de atrás, mientras que Oria y ella dispusieron de la parte delantera, más amplia. Nunca discutían ni tenían ningún tipo de dificultades, ni siquiera con el esposo de Oria, que era un hombre tranquilo, trabajador y profesional. Ana no podía explicarse cómo su yerno se había enrolado en aquella cruzada democrática, si nunca disentía de las cuestiones del gobierno, al menos delante de ella.

Se sintió terriblemente mal cuando la citaron a una gran reunión de militantes del Partido Comunista en el cine del pueblo, que fungía como teatro en situaciones trascendentales. También citaron a los militantes de la Juventud Comunista. Hasta Ángela, la vecinita de quince años que no era ni del barrio, y que vivía provisionalmente con la tía, se encontraba en el lugar. Allí les hablaron a todos «sobre la conducta impropia» del ciudadano Andrés Pérez (esposo de Oria) y otros individuos más, que habían cometido el grave delito de escribir la carta. Que, por supuesto, «se esperaba una respuesta enérgica por parte del pueblo, que nunca estaría de acuerdo con cambiar sus principios, etc., etc.»

El malestar invadió al grupo. Ana se sintió blanco de las miradas de todos, miradas de mudo reproche, rechazo por vivir en la misma casa que Andrés Pérez. ¡Ella era su suegra!

¿Cómo lograba existir al lado de alguien tan detestable? Llegó a la casa sin levantar la cabeza.

—Oria, ¿cómo a tu marido se le ocurrió semejante idea, chica?

—Figúrate mamá, él piensa de esa manera —se excusó la hija.

—¡Qué pensar, ni pensar! Lo que está haciendo es perjudicar a su familia. Si pensara no hubiera hecho tal cosa.

Y se retiró molesta del comedor.

En los días sucesivos ni le miró la cara a Andrés. Por su culpa todos los amigos los evadían.

Además de lo del cine, los miembros de la seguridad se presentaron en el parque, frente a la casa, «para advertir a los vecinos de la conducta antisocial de Andrés Pérez». El hermano de Oria era el responsable de las Brigadas de Respuesta Rápida, compuestas por elementos de la Seguridad y por individuos comprometidos con el régimen, y cuya función consiste en reprimir toda manifestación en contra de la tiranía de Castro. Rápidamente secundó el mitin, sin la menor duda. En su caso una confusión hubiera sido fatal: trabajaba como profesor de Letras en la Universidad. Ni su mujer ni sus hijos aprobaban la decisión de Andrés, por supuesto.

Éste y su esposa no se atrevían ni a moverse dentro del hogar, para no desatar la agresividad de la familia.

Ana acudió a sus dos hermanos, un teniente coronel del ejército y un miembro del Ministerio del Interior, para que la aconsejaran. Ellos se mostraron radicales: tal cosa no podía permitirse, qué dirían de ella, una mujer revolucionaria hasta los huesos. Dudarían de su sinceridad. Ayudarían a su hermana rápidamente.

Se personaron en la casa y le impusieron a Andrés el criterio unánime familiar: tenía que abandonar la vivienda.

Oria se echó a llorar.

—No sabemos cómo sigues con él, debes pensar bien las cosas, fíjate que hay dos muchachos de por medio —determinó el grupo.

—Yo no voy a cambiar mis criterios, señores —aclaró Andrés ecuánime—. No me arrepiento de lo que hice. No creo haber obrado mal, y si tengo que irme, lo haré.

A solas, su mujer lo abrazó y le reiteró que lo quería, que no se desesperara, buscarían una solución para ellos. No deseaba que se desvinculase de los hijos ni de ella. No podían prohibirle verlos. Oria estaba muy apegada a él, habían estudiado la misma carrera, lo consideraba un buen padre y un buen marido.

Eso consoló a Andrés mucho más que cualquier otra cosa.

Se trasladó a vivir con sus padres, en la provincia contigua.

Durante meses y meses viajaba con frecuencia y pernoctaba en casa de un amigo, que lo dejaba dormir en un cuarto a medio fabricar. Consiguió trabajo en Artemisa.

—No te preocupes mucho Andrés, aquí seguro resuelves —le dijo el amigo— esto está lejos de la capital, ¿tú no sabes que aquí hay mucha gente en situación parecida a la tuya? En el interior los profesionales son muy escasos. Trata de estar tranquilo y cuídate, estás bajando de peso.

¿Cómo no ponerse flaco con aquellos viajecitos, y tan mal alimentado? Andrés vivía en la carretera, averiguando con los camioneros en qué horario iban y venían de la capital. Veía a sus hijos como un fugitivo, a escondidas y a deshoras. Y para colmo, continuamente lo vigilaban, desde los Comités de Defensa hasta la misma Seguridad del Estado.

Oria también adelgazó, se veía deprimida y desmotivada. Su madre, que la trasladó a vivir a la parte de la casa donde antes viviera su hermano, y viceversa, comenzó a tener choques con la nuera. No se entendían en el manejo del hogar. Ana se sintió culpable, pero guardaba en silencio su desgracia y apuraba los tragos amargos tratando de aparentar un estado de ánimo venturoso. Al fin no soportó aquello. Estaba harta de disgustos y de ver sufrir tanto a la hija y a los nietos.

—Oria, dile a tu marido que puede regresar si quiere. Ya ha pasado el tiempo y total, todo se ha quedado «en veremos».

Andrés lo pensó mucho, pero las insistencias de su familia rompieron las hostilidades, así que volvió a vivir con ellos, aunque continuaba viajando hasta Artemisa. Consiguió al menos transporte fijo.

Tan pronto volvió a su casa, la Seguridad del Estado se le aparecía sin previo aviso ni justificación lógica, y lo mismo lo interrogaba sobre posibles actos subversivos que nada más existían en sus mentes, que se lo llevaban preso durante horas. Un día le preguntaban si quería postularse para un cargo del Poder Popular; otro, que si ya estaba anotado en un grupo de los Derechos Humanos.

—¿Por qué nos acosan, Dios mío? —le decía Oria, desesperada.

—¿No ves que no soportan haber fracasado con nosotros? No pudieron separarnos, ni encontrar nada de peso para acusarme. Tratan de destruir psicológicamente al enemigo. No te dejes agobiar, querida.

Tres años después de su «gran falta», Andrés estuvo detenido en la estación de policía de su pueblo, cuando comenzaron las manifestaciones de protesta frente al Hotel Deauville, en el verano de mil novecientos noventa y cuatro.

—¿Por qué me detienen? —preguntó—. Yo estoy aquí, no en Centro Habana, no andaba ni cerca del Hotel.

Y entonces le contestaron:

—Porque usted escribió una carta...

Así que Andrés y su esposa comprendieron que eternamente tendrían que enfrentar el verdadero motivo del enemigo: su miedo, un miedo cerval, primitivo, de que la simiente crezca y fructifique dentro del hombre.

Aquella noche del apagón de luces Oria se miró la mano, como reconociéndola. Y se inclinó de nuevo… ¿preparando a tientas la próxima pedrada?

CONSULTA DE SEXOLOGÍA

—Ángela, yo te quiero mucho. Estoy enamorado de ti, de verdad, te lo juro. Eres la muchacha más linda que he visto en mi vida, con esos ojos... ¡Mira esa sonrisa! Déjame abrazarte. No, no protestes, mírame... siente mi corazón como late cuando te toco, siente…

— ¡Ay, Manolo, por tu vida, que estamos en mi escuela!

—Es verdad, —accedió el muchacho, mirando a su alrededor. Casi todo el mundo había salido ya y se encontraban solos en el aula del Tecnológico, pero eso no quitaba las posibilidades de que un empleado pudiera aparecer de repente.

—Vámonos de aquí, mi vida.

Pensó adónde la llevaría. Deseaba estar con ella, era lo que más deseaba en el mundo. Para ser exacto, era lo que más había deseado en sus diecinueve años de vida.

—¿A qué hora tienes que regresar a tu casa, Ángela?

¿Cuánto tiempo podemos estar juntos?

—Bueno —analizó ella—, puedo decir que me quedé estudiando y regresar a las ocho de la noche.

—¡Magnífico! Son las tres de la tarde. Saldremos de paseo, ven conmigo.

Y se la llevó de la mano sin estar seguro del lugar al cual irían. Pensó en el cine, pero la función comenzaba mucho después. ¡El ahorro de electricidad! Sólo ponen dos funciones, y menos mal que hoy es jueves, porque los primeros días de la semana sí que no ponen...

——-Oye Manolo —lo interrumpió su novia—, ¿por qué no nos sentamos en el parque? —llegaron de la mano y se sentaron en los bancos de 15 y 16, en el Vedado.

—Desde aquí salían los ómnibus para el campismo —dijo el jovencito—, siempre iba con el grupo de la escuela —. Y añadió apesadumbrado: —Hace dos años que se acabó el paseo, ya no hay ni ómnibus.

—No estés triste, mi vida —contestó Ángela. Comenzaron a besarse, primero con disimulo y luego con pasión, olvidados del mundo.

La voz lejana de aquella señora los devolvió a la realidad.

—¡Que descaro! Ya la juventud no tiene vergüenza, Carmelina, mira para esa pareja.

—Lo que la juventud no tiene es un lugar adonde estar —comentó Manolo en voz alta, irritado—. Vámonos Angelita, no quiero a esa gente encima de nosotros, no se dan cuenta de que hoy en día las familias han crecido y tienen que vivir en manadas bajo el mismo techo, de que todo está prohibido, no se puede ni alquilar un cuarto para casarse.

—No te pongas así, Manolo —le dijo la muchacha, echando a andar de su mano—, tal vez más adelante podamos construir.

—¡Si tuviera dinero y espacio para construir! ¡Aunque sea yo haría una choza de guano! —contestó él sonriendo—. Pero en un edificio, ¿dónde la pongo?, ¿en la escalera?, ¿en la azotea donde todo el mundo tiende la ropa?

Llegaron caminando al malecón. Numerosas parejas permanecían allí abrazadas, sentados o de pie. Los niños corrían y jugaban junto al muro, tropezando con todos. Algunos grupos compartían una botella de ron discutiendo entre sí. Otras personas pescaban apartadas. Los matrimonios andaban y desandaban el mismo tramo, vigilando a sus hijos.

—¡Mira qué sitio de recreación! —sentenció Manolo—, un pequeño espacio junto a la costa bajo el sol. Se ve que no hay adónde ir, ni cómo distraerse. ¡Qué va, esto no es para nosotros! Puso el brazo sobre los hombros de Ángela y la miró con ternura. ¡Dios, qué linda! Con esos rizos negros en la espalda, la mirada pícara, las curvas prominentes.

—Ángela, ¿no podemos ir a un club?

—¡Que cosas tienes, Manolo! Tú sabes que eso abre más tarde, seguro que tenemos que esperar. ¿Y no es por dólares? De todas formas no podría llegar a mi casa con olor a bebida, imagínate. Dime, ¿cómo conseguiste dinero?

—Hice un negocito, Ángela.

—Oye, ¡acuérdate de tu amigo Ariel! Está preso por una bobería.

—No, tranquila —y se miró los zapatos de estudiante, fue subiendo la vista por su humilde ropa de estudiante universitario. Recordó a su padre, ingeniero civil, que acudía diariamente al trabajo en aquella dichosa bicicleta bajo el sol o la lluvia, con el viento en contra y el cuerpo molido por el ejercicio. El rostro alegre de su amigo Ariel le sonrió desde lo más profundo de su memoria, repitiéndole:

—Aquí no vale la pena ser universitario, viejo.

Apartó todas esas imágenes despiadadas y se concentró en la muchacha: «He venido a estar con ella, a sentirme bien en su compañía. Reynaldo me dijo que se iba con su novia a una zona de tolerancia, pero pueden asaltarnos, que sé yo. Él mismo reconoce que se arriesga en esos lugares.»

No obstante, intentó hacerle una insinuación a Ángela. Ella se incomodó muchísimo.

—Eso sí que no, Manolo. ¡No estoy dispuesta a quitarme la ropa en un descampado!

—No te pongas así, Angelita, yo lo único que quiero es estar contigo. Eso es normal, ¿no? Tú me gustas, somos jóvenes. ¿Para cuándo lo vamos a dejar? Nos conocemos bien, hasta vivimos en el mismo barrio... Mira, vámonos al 1 y 24, ya te dije que tengo algún dinero.

—¿A una posada, Manolo?

—Por lo menos no nos están mirando, mi vida. Y podemos acariciarnos y besarnos.

—¡Ay, Manolo! —dijo ella con pena, y se tapó la cara.

«Ángela tiene dieciséis años, acaba de empezar onceno grado. Pero debe entender, vive agregada en casa de sus tíos...»

—Mira amorcito, ojalá tuviera un carro para irme contigo al fin del mundo, pero tú sabes que eso es más difícil que una vivienda. Legalmente nunca tendré esa oportunidad.

Y se la llevó dulcemente, vencida, casi arrastrando los pies sobre el pavimento. Llegaron al sitio escogido, oscuro, feo, con altos muros protectores. Al tratar de entrar, se quedaron perplejos contemplando la cola de enamorados que esperaban sus turnos impacientes, con el pudor perdido ante la urgencia del deseo y la despiadada escasez de la miseria. ¿Dónde estaban la reserva y la complicidad necesarias que anidan al amor? ¿Qué falta, madre mía? ¡Probablemente todo!

Después de mucho rato en la fila, sucedió algo imprevisto. El que marcó su turno detrás de ellos se desplazó con sigilo hasta que logró hablar con un empleado. Entonces Manolo se fijó en que desaparecía hacia el interior con su pareja mientras el otro hombre contaba los billetes que le había dejado. Se tocó el bolsillo e hizo algo que los hombres hacen desde que nacen: imitar.

—Oye —le dijo al empleado—esta muchacha debe regresar temprano. La familia no sabe que salió. Tírame una mano, anda —y sacó la billetera.

—Dame veinte pesos y te resuelvo adónde meterte.

Manolo obedeció. Se desplazaron por un corredor largo con habitaciones a ambos lados, y después de dos o tres giros se detuvieron frente a una de ellas. El empleado la abrió. Daba a un cuarto pequeño, de color impreciso por su antigüedad, con parches desnudos de cemento en las paredes. Una cama, una mesa de noche y un baño pequeño lo completaban. La cama estaba sin vestir.

—¿No hay sábanas? —preguntó el joven alarmado.

—No —dijo el otro, tranquilo.

Ángela estaba muerta de pena, medio escondida tras él.

—Entonces resuélvenos alguna —pidió Manolo, acompañando la palabra con otro billete azul.

El hombre salió. Los jóvenes se acariciaron.

—Quisiera darte algo mejor, Ángela. Pero al menos estamos juntos.

—Me siento rara. Esto es tan... no sé cómo explicarme.

—Se te pasará. Ven acá.

Se sentaron al borde la cama, abrazados, besándose. La sábana se demoraba, el muchacho se moría de impaciencia. Al fin el hombre regresó con el tesoro escondido, interrumpiéndolos, y extendió un trapo desgastado y grisáceo sobre el lecho.

—Si necesita algo más me llama —añadió.

Manolo apretó a Ángela contra su pecho. Desabrochó luego la blusa y el sostén, contemplándola semidesnuda.

—Eres muy linda —le dijo. Y se inclinó a besarla por el cuerpo.

Las manos de Ángela se enredaron en su pelo. Él tuvo una impresión extraña al bajar la cabeza, como si hubiera habido un cambio de iluminación. Ella, por su parte, subió los brazos cubriéndose el pecho con sobresalto.

—¿Qué pasa?

—Hay algo en la pared —contestó la muchacha, muy seria.

Se acercaron a la descarnada división de mampostería, evidenciando un pequeño agujero en la misma. Manolo estaba indignado.

—Esto es el colmo, ¡a lo mejor también le cobran al otro por dejarlo mirar!

Se asomó a la puerta llamando al posadero, increpándolo por haberle dado semejante habitación. El hombre se disculpó mil veces.

—Mire, esta posada es vieja, usted sabe, no las reparan nunca. Hay otros cuartos, pero estaban ocupados... al lado sólo hay una pareja igual que ustedes.

Sacando la billetera, Manolo pidió a su interlocutor:

—No me diga nada y búsqueme otra cosa. ¡Ah! y me lleva la sábana, por favor.

Al cabo de diez minutos de ansiedad, se repitió el viaje por los pasillos. Culminó en un cuarto menos lóbrego, con el repello intacto en su interior. Lo demás era idéntico.

Ángela ya ni deseaba hablar. Se veía triste, temerosa, indefensa. Permanecía acurrucada en la cama mientras

Manolo se cercioraba de la seguridad del lugar. Él mismo luchaba por no predisponerse. Al fin regresó con ella y comenzó a desvestirse apurado, como quién desea terminar de una vez. Ya era tarde. La muchacha lo miraba sin ninguna iniciativa. Cuando llegó su turno, él tuvo que ayudarla a despojarse de sus atavíos. Al acariciarla por enésima vez, ambos experimentaron aburrimiento al notar el tácito esfuerzo mutuo que hacían para olvidar el cúmulo de incidentes desagradables soportados en el día. Mientras más intentaban olvidarlos, más los revivían en su imaginación. Era obvio que Ángela ni disfrutaba de las caricias. Se abandonaba a su suerte como un animalito asustado en cautiverio.

Desesperado, Manolo contó el dinero que quedaba. Apenas siete pesos. Sacó la cuenta: un trago que cueste cinco... quedan dos para el ómnibus. Gritó al empleado casi frenético, solicitando la bebida. Entretuvo a su novia con palabras afectuosas mientras aguardaba por el posadero, que se demoró una eternidad. Al fin lo recibió en la puerta, y entró con su trofeo en la mano, sonriendo:

—Toma un poquito, mi vida, te sentirás mejor.

Puso el vaso casi en los labios de ella. Ángela apuró un sorbo. No parecía muy convencida. El joven tomó después e hizo una mueca.

—¡Pero el trago está aguado! —exclamó con desencanto, comprendiendo que su novia jamás se relajaría con la ayuda del brebaje.

Sus últimas esperanzas estaban perdidas. Y debía ser bastante tarde. Así que Manolo, incómodo, esta vez no se preocupó ni de su propio romanticismo. Solo recordó que en la filogenia, él era un representante de la última rama de los cordados. Sencillamente animal.

Despojándose de cualquier lastre humanista, hizo el amor impulsado por sus reflejos elementales, deseoso de llegar pronto a la meta. Al terminar, se miró en los ojos de Ángela. Y comprendió que la ilusión había acabado para siempre.

TERAPIA OCUPACIONAL

Hace frío. Está amaneciendo lentamente, con una luz de sol amortiguado por el invierno. Sobre la carretera que se bifurca viene caminando el muchacho y allí mismo se estanca, donde nace el ramal que asciende buscando el elevado de la calle 100, en la autopista de la Novia del Mediodía.

¿Qué hace? Espera con paciencia, de una forma singular, mirando la hierba que bordea la calle y los carros que pasan, intermitentemente. De repente un camión asoma su nariz, y los grandes focos parecen dos ojos cansados que se apagan con el día. El muchacho se inclina veloz, recoge la larga vara con el gancho en la punta, y siente un miedo soportable, discreto, mientras el aparato se detiene un metro más allá para que se bajen un par de pasajeros oportunistas de la cabina.

Ese es el momento. Ariel se para detrás de la cama del camión, que viene repleta de ajo trenzado en largas ristras y tira de una de ella con la vara. La ristra cae en sus manos como todas las mañanas desde hace semanas atrás. Lanza la fina madera y echa a andar con su botín, aparentando indiferencia. Cuando cruza la calle, una mano cae sobre su hombro y una voz le dice:

—Espere un momento, ciudadano.

Y Ariel comprende que ése ha sido su último día en la autopista.

Ariel, el mayor de cuatro hermanos, era hijo de un panadero del pueblo. Su madre trabajaba en un taller de costura confeccionando ropa.

Aunque ambos ganaban un sueldo de miseria, la familia se mantenía más o menos gracias a las entradas adicionales que ilegalmente, los propios empleos les proporcionaban. El padre sacaba harina y aceite con la complicidad de los administradores, que siempre se guardaban su parte. Luego lo vendían todo utilizando intermediarios que también recaudaban su ganancia. La madre traía hilo y recortes de tela y la historia se repetía, esta vez utilizando a una amiga costurera.

Al terminar la enseñanza secundaria, Ariel se debatía pensando cómo adquirir un oficio lucrativo.

—Siempre quise que mis hijos estudiaran —le dijo el padre, poniéndole una mano en el hombro, — pero aquí no vale la pena, hay que reconocerlo —Y volviéndose a la madre: — si quiere trabajar, que empiece ahora.

—Pero viejo, ¿y dejar sus estudios? va a matarse cargando sacos en el Agromercado de la esquina. No es igual a lo que hace Panchito.

Panchito sí que tenía «la buena». Estaba de pistero en un garaje desde hacía un año, y «resolvía» vendiendo cupones de gasolina y hasta el líquido mismo, que él llamaba «el remanente», y del que disponía con frecuencia. Claro, su padre era el chofer de la pipa que dejaba la gasolina. ¿Quién iba a calcular con exactitud la cantidad que trae una pipa de gasolina?

—¡Ya la vacié! —gritaba el viejo Francisco, recogiendo las mangueras. Saludaba a los otros empleados y salía con un tanque completico de cincuenta y cinco galones en el fondo. A tres kilómetros del garaje terminaba el vaciamiento, en casa de un socio. ¡Hasta se había comprado un Chevrolet del cincuenta y ocho! Parecía nuevo, un carro de película.

Panchito no había pasado el servicio militar porque ciertos médicos conocidos le facilitaron su baja. No era como el dictamen de Ariel que padecía de asma desde el nacimiento. Discutiendo sobre los pormenores, los padres, el tío, y el mismo Ariel, hacían conjeturas:

—Esos son golpes de suerte propiciados por la escasez, señores. Hay quien sabe aprovecharlos. Si el viejo Francisco no se busca problemas con nadie y «moja» a los de arriba, pasará inadvertido por buen tiempo.

—Bueno... —la madre pensaba que ¡pobre del pipero si lo atrapaba una racha de ésas en la que hacen falta chivos expiatorios para demostrar la pureza del sistema! A esa hora pagan hasta los inocentes. El padre tenía una opinión personal:

—Aquí hace un poco de dinero el que está bien amarrado con el gobierno, el que ven que no se les va a escapar, es uno que a ellos les reporte beneficios.

El tío miró a Ariel:

—Ojalá te gustara la vida militar. Los guardias viven bien, las cosas se las venden baratas, les dan jabas con los productos indispensables mes tras mes. Y nunca trabajan. Andan inventando movilizaciones, prácticas y bombardeos imaginarios para justificar el sueldo.

—Para eso hay que ser muy servil —protestó Ariel—, obedecer sin razonar. Y luego, la encerradera... Además, la cuestión es coger grados, no te creas que los de abajo estén tan cómodos. Conozco a uno que siempre anda sacando latas de leche y de carne de la unidad. Si tengo que hacer algo así, me gustaría emplearme en la fábrica y ser jefe de un departamento. Allí las cosas salen con vale, con papeles autorizados, ¡y por montones!

—Vaya, ahora quieres ser dirigente administrativo —contestó su padre—, y desfalcar con permiso.

—Por lo menos, administrar una bodega o una carnicería, para que no nos falte la comida.

—Pero muchacho —contestó la madre y se echó a reír—. ¡Si a la bodega y a la carnicería apenas entran ni los mandados del mes! —y añadió—: debiste empezar en el Tecnológico, a lo mejor te hubieras empatado con algo de turismo.

—¡Ahora sí que estás loca! Eso no se lo dan a cualquiera, mamá. Cuando yo termine el técnico medio, puedo contarme entre los afortunados si me ubican por ahí, aunque haya sido diploma de oro.

—¿Y trabajar en el mercado como artesano?

—¿Qué? ¿Para que no aparezca la materia prima? ¿Para pagar un impuesto de ricos? No vieja, qué va. Este gobierno está lleno de tragones, todo les parece poco para ellos. Ya veré que resuelvo. Aquí da lo mismo: estudies o no, tienes que inventar para no morirte de hambre. En todos los lugares hay que buscarse doble sueldo. Mira a Felipe el vecino de enfrente, es periodista y ni trabajo le dan. ¿Qué va a comer, papeles?

Ariel esperaba su cumpleaños para iniciarse en la vida laboral de la mejor manera posible. Mientras tanto servía de intermediario en los pequeños negocios que caían en sus manos: revendía las croquetas que entraban en la cafetería y que la empleada traía dentro de su cartera, o los clavos de la carpintería que les daba Ernesto, el almacenero o los perfumes de Suchel que sacaba Armando, el viejo retirado que consiguió hacerse custodio de aquella mina porque cuando era joven trabajaba para el Ministerio del Interior. Todo el mundo con su búsqueda de dinero y él beneficiándose también.

Un día, acompañando a Damián, un amigo que hacía las prácticas de farmacia cerca de la autopista se percató del camión de ajos. Venía de San Antonio con destino al mercado de la calle 100. Cuando comprobó que todas las mañanas se detenía allí, Ariel se planificó un salario extraoficial a su manera. Hasta el momento en que el policía lo condujo a la unidad.

Sentado en el calabozo, el joven rememoraba los cargos de instrucción, el interrogatorio, el despotismo de los representantes de ese sistema legal. Está establecido que una detención en la estación de policía debe durar setenta y dos horas; pues bien, él ya casi arribaba a la semana. Pensaron de inicio que formaba parte de otro caso parecido. Repetirles la historia resultaba inútil.

«¡Qué mal están! -pensó el muchacho, - ya no creen ni las verdades.»

En ese instante escuchó la voz de un policía que hablaba en voz baja con otro. Se acercaban por el pasillo. Era apenas un susurro. Curioso, se escurrió contra una esquina de las oscuras paredes deseando hacerse invisible.

—¿Y qué hiciste con el hombre? —inquirió el otro policía, también musitando.

—Nada, lo dejé ir. No tenía cómo justificar la jaba de huevos.

—¡Pero debiste encerrarlo!

—No viejo, no, qué va. Esto es proteína. Coge la mitad de la carga y llévatela para la casa. Como no hubo denuncia, no hay testigos. ¿Quién va a reclamar los huevos?

Y Ariel se quedó perplejo oyéndolo añadir:

—¡Ah! Y aquí no entró ninguna jaba, ¿entiendes? ¡En tu vida has visto esta jaba de huevos!

PSICOTERAPIA DE FAMILIA

Felipe Martínez se estiró en el incómodo sofá. y desvelado, dio varias vueltas tratando de dormirse. Sentía hambre después de haber trabajado todo el día redactando su artículo periodístico, y de haber ingerido apenas un exiguo bocado de comida comprado al vuelo en el kiosco del doblar.

Otro tal vez hubiera desistido, pero él había nacido para esa profesión. Abrió los ojos, mirando el techo de la angosta sala y se vio a sí mismo huérfano de padre en su niñez, estudiando en el colegio religioso de los Hermanos Maristas, donde pronto se destacó por su capacidad intelectual y su vocación por las letras. Se hizo publicista.

Comenzó realizando trabajos sencillos que promovían las marcas de algunos productos conocidos. Más tarde hizo varias investigaciones dentro de un grupo de escuelas de La Habana lo que le valió empezar en el Departamento de Relaciones Públicas del Ministerio de Educación, en una Cuba que despuntaba diferente a la que él conociera antes de mil novecientos cincuenta y nueve.

Bien pronto comprendió que había escogido una carrera diametralmente opuesta a los conceptos del socialismo. No era necesario aplicar técnicas publicitarias si no existía competencia en el mercado. Nada más tenía que divulgar lo mismo a toda hora: la política del gobierno. ¿Para qué hace falta la creatividad en un mundo de papagayos? No era más que un mensajero, un portavoz de párrafos estereotipados y cansones.

Trabajó en aquellos cargos porque no tenía otra línea de desarrollo, y pasó entonces al periodismo para ver su propio rostro en el espejo, conocerse de verdad. En la comisión de propaganda del Comité Nacional de la Juventud Comunista también encontró un mundo inflado que no hacía juego con su estilo.

Felipe Martínez no quiso adaptarse a eso. Era un hombre de buenas costumbres, se había casado y vivía con comodidad en una casa amplia del reparto Miramar, ya había nacido su primer hijo, pero se sentía vacío por dentro sin realización personal. En la publicidad o en la prensa se escuchaba como un eco del sistema. Pasó por periódicos y emisoras de radio, y decidió regresar a Educación. Ahí estuvo otro tiempo como profesor, conoció a su segunda esposa y abandonó todas sus propiedades a la primera, sin reparar en intereses económicos mediocres. Lo que más gustaba de la vida era tal vez lo único que no veía por ninguna parte: un atisbo de individualidad. Como periodista, se había especializado en política económica de los países europeos pero no podía escribir sinceramente, sólo le aceptaban artículos banales encasillados dentro de una temática distorsionada y rígida.

En mil novecientos setenta y uno, después de nacer su segundo hijo, el joven Felipe comienza a trabajar como director en el Instituto de la Demanda Interna. Después de varias incursiones, en el setenta y nueve por primera vez, gestó una publicación que hizo volar por los aires a todos los controles oficiales, a las marionetas de la inteligencia del régimen de Castro. Pero aquello que hacía muy feliz al profesional, fue valorado como peligroso e inaceptable.

Dando otra vuelta sobre el sofá, Felipe cerró los ojos para ver mejor la época de oro de su vida, en la que se dio el lujo de omitir las palabras Partido y comunismo dentro de sus publicaciones. Enseguida reportaron aquellas páginas como diversionistas, y Seguridad del Estado comenzó a vigilarle muy de cerca.

Las cosas en el segundo matrimonio funcionaban mal desde hacía algún tiempo, sobre todo porque Hilda no estaba preparada para sufrir inestabilidades, y no podía adaptarse al tipo de trabajo de su esposo ni a la crianza de su hijo. Continuamente solicitaba apoyo emocional de sus padres, que se lo habían dado todo siempre «servido en bandeja de plata». Si el primer matrimonio de Felipe se había hecho y deshecho por error de juventud, el segundo mejor formado por la comunidad de intereses se rompía por falta de madurez de la pareja.

Comenzó a atravesar entonces tiempos difíciles. La década del setenta fue tal vez la época de mayor represión social, de cacería de brujas y de maniqueísmo. Fueron los años que culminaron con los sucesos del ochenta, cuando al pueblo se le estimuló a agredir al propio pueblo después de la apertura de la embajada del Perú. Felipe vivía en un cuarto de la casa de Hilda, en el municipio Playa. Se sentía sacudido por la conmoción del momento, y muy solo en su madurez física e intelectual.

Un día vio a Clara frente a él, que estudiaba en el Tecnológico de Economía, irradiando la gracia de su juventud típicamente cubana. La abordó con sencillez. Comenzaron a salir juntos a pesar de la diferencia de edad y de cultura: unas relaciones condicionadas por la época. Clara, llena de collares, pulsos de colores y pañuelos atractivos, fue confundida con una extranjera por los que controlaban a Felipe. Los hombres de la Seguridad les tiraron fotografías.

Felipe estaba indignado, denunció que se entrometían en su vida privada y que lo trataban como a un preso.

En una entrevista con un corresponsal estadounidense (entrevista espontánea y por lo tanto no programada por los órganos de prensa), narró detalles de la confección de su tabloide, cosa que acentuó la desconfianza del Partido. En una serie de conversaciones con personalidades de la cultura, hizo comentarios donde cuestionaba la política cultural de ese Partido Comunista, que él consideraba irracional, prejuiciosa y restrictiva.

Lo llamaron y le dijeron que hacía «panfletos políticos llamados a exhortar a los artistas a cambios como consecuencia de su liberalismo» y lo acusaron de diversionismo ideológico. Lo citaron para Villa Marista el centro de interrogatorio de la Seguridad del Estado; la citación la recibió en su casa de manos de un oficial de la Seguridad. En la oficina donde lo esperaban, palmearon sus hombros aconsejándolo para que dejara de escribir: «Nosotros entendemos a los intelectuales, son muy liberales, pero no siga más por ese camino.»

Después de aquellas palabras, el presidente del Instituto de la Demanda Interna lo dejó sin empleo. Salió de la prensa. Y eso que entendían a los profesionales. Un hombre especializado en temas de juventud, de producción, de sindicalismo, de cultura y de economía internacional, ¡estaba en la calle y sin trabajo! ¿Lo habían atacado realmente a él o era una maniobra desestabilizadora que pretendía, como verdadero objetivo, desmembrar una publicación que cada vez se mantenía más independiente y peligrosa? La advertencia recibida, el expediente abierto en Villa Marista, ¿eran trámites formales que encubrían a otra instancia desconocida, con métodos fascistas de represión intelectual?

Felipe se preocupaba por sus hijos, en especial por el más pequeño, fruto de su unión con Clara y que tenía a la sazón apenas edad de comenzar la escuela. Acudió entonces a las amistades, buscando otro camino. Fue admitido en la televisión casi como una prueba, sin derecho a puesto fijo. No aparecía en plantilla. No podía realizar contratos por un tiempo, sino por obra. Su nombre fue desaparecido de los créditos y su imagen prohibida en televisión. En mil novecientos ochenta y ocho la persona que lo amparaba quedó expulsada del Partido Comunista, y él de nuevo sin empleo.

Se levantó del sofá para tomar un somnífero. Los recuerdos venían en secuencias, nítidos y continuos.

Felipe vivía bastante incómodo, pues la casa de Clara consistía en una vivienda de familia dividida en tres o cuatro partes, para dar cierta independencia a las dos hermanas, a ella y a su madre dentro del local. A veces Felipe difería de su esposa acerca de las relaciones familiares, o sobre la crianza de su hijo. Ocurrían choques inevitables, producto de aquel hacinamiento obligatorio. Se sentía irritado, confuso, deprimido, sin escape. Estaba expulsado de la prensa. El dinero escaseaba peligrosamente. Para vivir, vendió todo lo de su casa, refrigerador, televisor, muebles, hasta la ropa. Felipe no deseaba ser una carga para su mujer, tampoco le veía salida a la situación del hogar. Estaba desesperado, la presión arterial le subía sin control y dormía con pesadillas, así que tuvo que acudir al médico y éste lo remitió a la psiquiatra del área.

La especialista escuchó su relato a través de varias consultas, convencida de que el paciente se mantenía sometido a un intenso y prolongado estrés, capaz de socavar las defensas del más persistente de los titanes. Pensó en darle alguna salida que lo ayudara: tal vez un peritaje laboral. Pero Felipe se encontró con que no estaba vinculado a ningún centro laboral. No tenía ningún derecho, como si nunca hubiera hecho nada en su país. Aumentaron su incomodidad y las tensiones matrimoniales, hasta que Clara y él decidieron mantenerse juntos solamente en apariencia, mientras buscaban una solución, al menos eventual.

Por esa época hubo un cambio en la vida de Felipe Martínez. Se decidió a contactar con la disidencia del Castrismo. Se encontró a sí mismo al fin cuando alcanzó la libertad, aún dentro de la Isla al escribir para el exterior con el mismo espíritu independiente que lo caracterizara antes. Su voz apareció en las emisiones de onda corta desde el exilio, y sumó amigos con un grupo de artículos transmitidos al mundo.

Su relación con los grupos de Derechos Humanos consistía en labores de prensa y religiosas. Envió sus artículos a Internet, llevándolos a Europa, América y Australia. Recibió las muestras de admiración y respeto que merecía de parte de sus colegas residentes en el extranjero.

Ciertas personas conocidas lo alertaron sobre lo peligroso de sus acciones, de que su nombre se oyera por Radio Martí. Las críticas de Felipe eran directas y claras con los desatinos de Castro. En dos casas que él visitaba en el vecindario, sus moradores fueron advertidos. En una vivía una militante del Partido Comunista, y su núcleo la amenazó con quitarle el carné rojo. En otra, donde sus habitantes esperaban abandonar el país, se personó el jefe del sector de la policía dándoles a entender que aquellas relaciones podrían perjudicarles su salida hacia los Estados Unidos.

Por un tiempo temió caer preso, aún cuando estaba dispuesto a todo, pero en ese sentido era como si las autoridades no le dieran importancia. Mantuvo sus visitas a las familias donde no cundió el miedo. Se trataba de un tanteo burdo que le hacían para probar la estabilidad de sus relaciones, la probabilidad de aislarlo en su medio. Pero no podían repetir los episodios de los años ochenta y Felipe continuaba escribiendo. Después de tanto esfuerzo por aniquilarlo, por destruirlo, por hacerlo enloquecer, Felipe sentía como si hubiera una extraña tregua, como si lo hubieran olvidado... ¿Olvidado?

Entonces sucedió algo imprevisto. Clara cambió su actitud hacia él, y en vez de mejorar como cabría esperarse, empeoró grotescamente. Se pintaba el rostro, se embellecía y desaparecía de la casa. Le reprochaba que no tuviera aún un sueldo, lo acusaba de vivir de imaginaciones y de fantasía, lo tildaba de inútil a toda hora y lo sometía a burlas o insultos velados. Exigía que tuviera la comida hecha, que atendiera la casa. Gritaba delante del niño que ya contaba doce años y que sufría por la situación, sin que aquello pareciera importarle un comino. Delante de los conocidos lo hacía aparecer como un infeliz incapaz, como alguien fracasado e iluso. Un día se personó acompañada de otro hombre mucho más joven que ella, que comenzó a visitarla en la casa. Felipe no sentía ya amor por Clara, pero estaba molesto por la forma en que ella había iniciado su nueva relación: jamás pensó verla hacer tantas barbaridades de una sola vez, máxime cuando el nuevo acompañante era una persona vulgar y torpe para la opinión de todo el mundo. Su propia familia la criticaba.

Clara lo amenazó con traer a la policía para echarlo de la casa. ¿Adónde? Su casa era ésa. ¿Quién le daría otra? ¿A qué leyes acudir, a quién reclamar? Felipe tuvo que luchar para no rendir por debajo en su nueva labor. Se vio forzado a echarse encima sus papeles, por temor a que desaparecieran, porque ella amenazó con quemárselos. Clara había desbaratado sus cosas, roto su cama y empapado su colchón para que no durmiera más allí, gritándole que lo mataría. Los espejuelos de Felipe con los que escribía y leía, desaparecieron de la noche a la mañana. Clara estaba histérica y no atendía consejos.

—Oye Felipe —le dijeron sus amigos—, eso está hecho a propósito. Es demasiado, una exageración que no se justifica. A eso le dicen aquí «chacalismo». No quieren dejarte trabajar. Felipe, durmiendo en un sofá de su suegra, delgado y hambriento, con sus objetos personales dispersos por el vecindario, se enteró de que el pretendiente de su esposa trabajaba en una Unidad Militar y era hijo de una ex oficial, actual responsable de vigilancia del Comité de Defensa de su cuadra.

Por supuesto... ¡Pura casualidad!

Mientras sus amigos le gestionaban un cuarto a corto plazo, y posteriormente lo ayudaron a solicitar salida definitiva del país, Felipe comprobó cuánto había cambiado la política de la Seguridad del Estado con los disidentes: ya no se utilizaba sólo el escándalo público con agentes vestidos de civil. Resulta mucho más eficiente manipular a la familia.

PSIQUIATRÍA LEGAL

La psiquiatra que había atendido a Felipe en el policlínico, fue citada a la Estación de Policía para realizar declaraciones, junto con veintisiete médicos más, en el verano de mil novecientos noventa y tres.

La culpable del conflicto era una mulata mora llamada Nilda, de veintiséis años, que trabajaba en el mismo centro al cual pertenecían los galenos. Durante varios meses anteriores a la fecha en cuestión, estuvo pidiéndoles recetas de anfetaminas con el pretexto de bajar de peso, pues según ella no quería perder la figura. Cada médico había expedido una o dos recetas a lo sumo, de exiguas cantidades, y se comprobó que lo habían hecho de buena fe y con independencia de los otros. La anfetamina estaba de moda para ponerse delgado, tomando una o dos píldoras al día, y ellos entendieron justo que una mujer joven y atractiva deseara mantener una silueta esbelta.

La verdad es que Nilda vendía el medicamento en dólares. Como la Eva de las tres caras se transformaba cada noche en una persona diferente. Acudía a las discotecas para relacionarse con extranjeros, y entre risas y provocaciones les brindaba la oportunidad de estimularse, echando dos tabletas pulverizadas en la bebida. Cobraba cinco dólares la dosis de euforia. Barato para los compradores y un gran negocio para ella, sin riesgo, dosis mínima y salvadora que aplacaba el hambre de toda la familia.

Vivía con su madre y dos hermanos varones imposibilitados de mantenerse, por estar preso el uno y demente el otro. Al que estaba preso debían llevarle una jaba con alimentos periódicamente; cumplía condena por salida ilegal del país. Hastiado de la vida sin futuro, un día decidió tirarse al mar en una balsa buscando el norte, cuando lo detuvieron los Guardafronteras. El enfermo mental deambulaba por el barrio incapaz de concentrarse y agredía si estaba en crisis. En medio de una discusión familiar, desbarató con un machete el televisor de la casa y amenazó con matar al que se le interpusiera. Era inmanejable y no tenían medicamentos efectivos que darle, ni posibilidades de ingresarlo de forma permanente. La madre de Nilda no trabajaba. Estaba muy vieja y se encargaba de las labores de la casa, así que la joven se vio precisada a buscarle alguna salida a sus dilemas. Y descubrió la importancia, no precisamente medicinal, de las anfetaminas.

Nilda nunca supo quién la delató. Un buen día las autoridades irrumpieron en su vivienda, poniéndolo todo patas arriba. Ocuparon algunos dólares prohibidos, y varias tabletas de anfetaminas. Sin miramientos, montaron a Nilda en la perseguidora y la encerraron en el calabozo de la estación de la policía.

En aquel sitio maloliente y enrejado, la muchacha permaneció durante un mes. La sacaban casi a diario y le preguntaban lo mismo de diferentes formas: si alguien la proveía a conciencia, si vendía a clientes fijos, si ejercía la prostitución. Contestaba que no y reiniciaban de atrás para adelante y de adelante para atrás. No podía ver a nadie; la incomunicaron, sugestionaron, amenazaron e intimidaron cuanto les dio la gana, sin otro resultado que la misma confesión: «Tuve una necesidad económica muy grande y se me ocurrió eso para resolverla. Como estaba en una unidad de salud pública, veía utilizar las tabletas para adelgazar. Yo sabía que excitan y quitan el sueño porque los estudiantes las toman a veces cuando tienen exámenes. Engañé a los demás y eso es todo, sinceramente.»

No les cabía en la cabeza que Nilda obrara sola. Querían atribuirse el mérito de atrapar «una red muy peligrosa de traficantes». Aburridos de ella, pensaron en añadirle un problema psíquico. Cuando no salen bien los pronósticos, siempre queda el recurso de diagnosticar. Así que la enviaron a la sala de penados de Mazorra. Al ver su nuevo destino, Nilda sintió mucho miedo. Las otras mujeres que estaban allí se veían enajenadas, sucias, y sus conductas eran imprevisibles. No lograba dormir temiendo que la golpearan. Dos eran acusadas de asesinato. Nilda dijo, tres años después, que no le aclararon tampoco por qué razón sufrió todo aquello, si ni ella ni sus familiares esgrimieron en ningún momento que ella tuviera enfermedad mental alguna. Psicólogos y psiquiatras la entrevistaron y le aplicaron numerosos tests. Conclusión: imputable. No hay otros pormenores. No trastornos psicóticos. ¡Cómo si descubrieran el agua tibia!

En el juicio la condenaron a cinco años de privación de libertad por tenencia de divisas y tráfico de drogas. No hubo atenuantes. No hubo abogados defensores. La habían confinado al famoso Manto Negro, la prisión de mujeres de La Habana. Unos días más tarde rebajaron su sentencia a tres años de prisión, por haberse despenalizado el dólar en el país. Fue una gran suerte para Nilda: su única buena suerte.

Se levantaba al amanecer. El desayuno consistía en agua con azúcar, el almuerzo en un puñado de harina con alguna vianda. Comía una miseria temprano, y nada más hasta el día siguiente. Trabajaba con productos químicos: estaba consumida, avejentada, con el pelo descolorido por la lejía. Acostada en la litera, sólo un sentimiento la asaltaba: el instinto de conservación.

En una visita que le hizo la familia, supo que el hermano preso había salido en libertad y huido de la Isla en agosto del noventa y cuatro con los balseros. Al año siguiente le dieron a Nilda su primer pase, sin previo aviso.

—Vístete y vamos —le dijeron.

Nilda no entendía. Horas después comprendió al enfrentar la triste noticia: su madre había muerto de forma súbita, del corazón. La llevaban al velorio del único ser lúcido que le quedaba en Cuba, de su único amparo. Algunos vecinos y su hermano el demente, constituían el grupo que la acompañaba en la funeraria. Abrazada al hermano, derramó lágrimas de dolor por la pérdida, y por la incertidumbre de su futuro en los próximos meses. «Dios mío, pensó, moriré de hambre antes de salir.»

El soborno constituía un camino frecuentado por los presos cubanos a esa altura del período especial, para conseguir privilegios con que garantizar la subsistencia. Comían algo más a cambio del dinero que les daban a los reeducadores o a los jefes de la prisión. Algunos hasta habían conseguido la libertad prematura. Pero Nilda, ¿de dónde la obtendría? Ella era pobre, estaba sola en el mundo. No carecía de ciertos valores como para asociarse a gente de peor condición. Se sintió perdida.

Gracias a la gestión de los vecinos y de los médicos que habían atendido a su hermano, éste obtuvo la exigua pensión de la madre. Cuando la gastaba, mendigaba por las casas en busca de alimentos, sucio y maltrecho, incansable como un alma en pena. Los resúmenes de historia clínica y la recomendación de que necesitaba alguien que lo atendiera, tampoco pudieron ayudar a Nilda a salir de su encierro antes de lo establecido.

Al fin, un día le dieron la libertad condicional. Regresó a su pueblo más muerta que viva, y les agradeció a Dios, a su naturaleza y juventud, el haber conservado algún residuo de ella misma, antes de abandonar el infierno de Dante. Enseguida comenzó a ocuparse de su casa. Encontró a su hermano más deteriorado que nunca. No lograba administrarle ninguna medicina, se ponía rebelde, negativista. Pasaba el tiempo maldiciendo en voz baja. Nilda lo llevó al especialista y lo internaron en una sala de agudos.

Varias semanas después escapó, quejándose de la mala alimentación del hospital. Fueron inútiles todos los esfuerzos de la muchacha para regresarlo; ante su insistencia, el hermano saltó sobre ella, la sacudió y dijo que la mataría cuando se durmiera. Comenzó a desbaratar objetos vociferando amenazas contra ella, insultándola, llamándola «maldita e indecente». Nadie se atrevía a intervenir, dada la corpulencia del enfermo y su conocida agresividad. Él se sentó en la sala con su machete, esperando a que Nilda se acostara.

Aterrada, la joven acudió a la policía solicitando ayuda. En la estación, donde la conocían por sus firmas mensuales a causa de la libertad condicional, los agentes sonrieron encogiéndose de hombros.

—Ahí viene otra vez ésa, la de la droga —dijeron, y la pasaron a la oficina del teniente. El teniente, estirando su enjuto cuerpo dentro del uniforme, increpó a la muchacha:

—¿Qué buscas, ingresarlo? ¿Hacer ver que está mal ahora, eh? Claro, seguro que para estar sola en la casa haciendo lo que te da la gana...

Nilda, entre desesperada y ofendida, lloraba con súplicas de nuevo.

—¡Por favor no es eso, por favor que me va a matar si no me ayudan!

Aburrido de la escena, el jefe gritó:

—¡Tráiganme al hombre ése a la estación, señores!

Unos minutos más tarde los guardias regresaron llevando al monumental lunático, que ponía resistencia al saber que iba al encuentro de su hermana.

—¿Qué te pasa con Nilda, qué te hace? —sugirió el teniente, mostrándose amistoso.

—Quiere mandarme a ingresar otra vez. Quiere quedarse con la casa de mi mamá —respondió el enfermo con encono—vienen sus amigos y yo ni los conozco... vienen a perjudicarme, y ella no me obedece.

—¿Por qué?

—Ella dice que ando mal de la cabeza, lo que pasa es que es una descarada, yo soy su hermano mayor.

Asintiendo con el gesto el jefe ordenó:

—Déjenlo ir tranquilo. Ese hombre defiende su razón.

Y oídos sordos a las protestas de la muchacha, añadió, mirándola:

—Si no te portas bien, tendremos que revisar las medidas adoptadas. Eso de estar culpando por gusto al otro...

Al día siguiente, Domingo a las seis de la mañana, la psiquiatra del policlínico despertó sintiendo que tocaban en su puerta. Extrañada por lo inusual de la hora, temió alguna mala noticia. Giró la llave en la cerradura, tiró del picaporte y se encontró cara a cara con Nilda. Nilda desarreglada, despeinada, ojerosa, deshecha, con lágrimas en los ojos, que casi de rodillas le pidió:

—No se enoje, doctora. Es que no pude dormir ayer en mi casa porque mi hermano me tiene amenazada de muerte. ¿Usted quisiera darme una remisión del caso para que la policía me crea que el loco es él?

DESENSIBILIZACIÓN

Serían las siete antemeridiano cuando la mayor parte de los pasajeros de la ruta ciento noventa y uno esperaba en la parada de ómnibus de la Playa de Marianao para trasladarse a sus respectivos centros de trabajo y de estudio. Hicieron la cola disciplinadamente, como todos los días. Un grupo comenzó a conversar, otro a leer, otro a curiosear a su alrededor mirando el trasiego de la mañana correr con desenfado. Mientras, el sol subía prometiendo calor.

Pasaron los primeros treinta minutos sin que la guagua apareciera. La parada se había llenado y el público continuaba afluyendo desde las esquinas. Otra media hora y nada. Se notaban incómodos, irritados, ansiosos. Los que traían reloj miraban la hora a cada minuto; los demás la preguntaban y daban pequeños paseítos alrededor. El grupo entero llegaría tarde ya a sus obligaciones cotidianas. Algunos decidieron irse caminando, pero la mayoría, de objetivos más distantes, no tenían otro remedio que esperar.

Vinieron dos o tres taxis improvisados, carros particulares con permiso para cobrar. Nadie los abordó porque el viaje costaba demasiado caro. Tampoco ellos bajaron la tarifa, a consecuencia de los altos impuestos, de la escasez y de los precios de la gasolina. Por lo tanto, la situación se mantuvo idéntica.

Pasó medio hora más y nada. Las ocho y treinta. Las personas perdían la paciencia. Los ojos estaban clavados en el paradero, sitio de salida de los ómnibus, que distaba escasos metros de allí. A las nueve y cuarto el gentío, desesperado, comenzó a maldecir su desgracia, a comunicarse unos a otros sus sentimientos y a alterarse. Como guiados por manos invisibles cruzaron la calle, y la mole entró en el paradero sin contención, clamando por los responsables. Ellos salieron pletóricos de explicaciones, diciendo que un gran número de carros no servía, que había uno solo para cada ruta, y el de la ciento noventa y uno tampoco estaba en condiciones de viajar. Que no obstante, alternarían el de la ciento treinta y dos con el de la ciento noventa y uno.

—¡Esperar un viaje hasta la Terminal de Trenes de ida y vuelta, para poder salir para Jaimanitas que está ahí mismo! —gritó una mujer indignada.

—No, no, ya el carro regresó, señora —se apuró a contestar el dirigente—. Lo que pasa es que el chofer está merendando.

—¿Merendando qué, amigo? ¿Pescado? ¿Y tiene miedo de tragarse las espinas, no? —le espetó otra, colérica.

—Esto se va a resolver rápido, no se desesperen. Nosotros no hemos podido hacer más nada…

—Tienen que recogernos a todos —sentenció César, el profesor que a esas horas debía estar en la Escuela Nacional del Partido—. Ahora que no empiecen como siempre a dejar botados en la parada a media humanidad. De todas maneras las guaguas se rompen y no le están resolviendo el problema a la gente.

A duras penas los hicieron volverse, en medio de imprecaciones y diálogos espontáneos cargados de ira.

—¡Coño! Siempre lo mismo. ¡Cada día peor!

—¿Qué cosa estará pasando adentro? Hace semanas y semanas que el problema aumenta y no lo arreglan.

—¡Que lo van a arreglar! Si no tienen nada, ¿no está viendo que no pueden ni con su alma?

—¡Seis carros funcionando para el paradero completo! ¡Se la comieron, señores!

—En este país los dirigentes son los únicos que viajan con transporte asegurado, ¡qué les importa que se jeringuen los demás!

En eso llega la ciento noventa y uno, cargó a la muchedumbre y se alejó repleta buscando la avenida.

El chofer y el conductor estaban agobiados por la incomodidad. No obstante no dijeron nada, porque ellos al menos tendrían salario ese mes; había que mirar a los amigos, gente como Jaime andaba con las manos en los bolsillos esperando su turno. Jaime Hernández, chofer desde hacía una eternidad, con cincuenta y pico de años en las costillas, estaba en su casa sentado como un inválido. Cada vez que le tocaba ir a firmar los papeles del contrato, se encontraba con que su carro seguía desahuciado y no llegaban los nuevos. Otro tanto sucedía a decenas y decenas de empleados del paradero; sumando choferes y conductores, más de cien individuos estaban vinculados, y se mantenían trabajando menos de veinte. Los otros, vacantes, no percibían ni un centavo.

Al inicio no fue así, por supuesto. Cada chofer tenía una guagua asignada. Según su lugar en el escalafón, se comprometía a cubrir determinados turnos y rutas en el mes. Iban firmando por orden: primero el uno del escalafón, el más antiguo en ese centro, luego el segundo, y así sucesivamente. Los primeros escogían los mejores horarios, los viajes más codiciados, pero nadie se quedaba sin lo suyo y sobre todo, sin el sustento. Después empezaron a romperse los ómnibus, a desgastarse, y a quedarse botados como trastos inservibles en el patio. Tenían un gran garaje con sus mecánicos, pero no llegaban las piezas de repuesto. Los mecánicos se miraban las caras durante la jornada sin ponerle un dedo a los motores.

Cuando un número considerable de carros se calificó de irreparable, comenzaron a desmantelarlos para mantener funcionando a los restantes, con las piezas de los que se habían roto. Así también un número considerable de choferes regresó a sus hogares sin la más mínima posibilidad de retorno.

Salir a la calle a manejar era, por otra parte, como jugar a la ruleta rusa. ¿Quién sería el próximo perdedor? No querían ni imaginárselo.

Para aliviar las terribles circunstancias, los trabajadores se alternaban las semanas de labor. Si alguno necesitaba descansar o resolver cualquier problema, le daba una oportunidad a otro de utilizar su carro. Pero la administración se opuso al trato:

—Si usted firmó, usted maneja. Tiene que responsabilizarse con lo que pase.

Y bajo esas circunstancias, Jaime Hernández se quedó afuera totalmente. Varias semanas después de esto, él y otros muchos se reunieron en el centro de trabajo. Jaime entró a la oficina del administrador, un antiguo mayor de la Seguridad del Estado, ya retirado. Iba resuelto a lo que se presentara, lo que fuera, menos seguirse muriendo de hambre.

—Mire Menéndez —le dijo—. Usted sabe que aquí no se pueden hacer negocios. Mi oficio es éste desde hace muchísimo tiempo. Usted sabe que cuando uno está parado no gana un quilo.

Menéndez, un hombre algo pasado de peso, miró al hombrecillo sin preocuparse:

—Yo lo siento, Jaime, no puedo resolverte. No está en mis manos.

—Es muy fácil para usted decirme eso, claro, ¡si gana dos sueldos!

—Oiga, me está faltando el respeto...

—No, el respeto me lo falta usted a mí, dejándome como estoy. ¿Hasta cuándo tenemos que aguantar? ¡Nos están obligando a robar! Usted lo sabe, ¿verdad?

Menéndez se levantó, iracundo. El secretario del Partido Comunista, que estaba en el buró contiguo, intervino:

—Dejen de discutir. Así no se solucionan los problemas.

Jaime se contuvo a duras penas: «Quisiera saber entonces cómo se solucionan. Mucha diplomacia, mucha porquería y el estómago vacío. Bueno, en definitiva Menéndez no es más que un representante», comprendió.

Salió de la oficina y tropezó con los rostros de los demás, que lo interrogaban con las miradas. Agitó las manos en señal negativa. Fue como un disparo iniciando una competencia de caballos.

—¡Qué se habrá creído el Mayorcito éste! —saltó el primero —. Le pagan el antiguo salario completo de retiro y ahora lo de aquí, ¡y no sirve para nada!

—¡Hasta cuando estaremos muriéndonos de hambre! — añadió el segundo.

—¡Que salga si es hombre, que le voy a partir la cara! — gritó el tercero. Y así sucesivamente, se hizo un solo clamor dentro del grupo enardecido:

—¡Sal, coño, para darte lo que te mereces!

Por supuesto, el administrador cerró la puerta por dentro, y acobardado como un ratón en su cueva, no dio señales de vida. Al cabo de un tiempo prudencial, los trabajadores del paradero se cansaron de amenazarlo y se sintieron invadidos por la decepción y la impotencia. Alguien dijo:

—No vengo más, no vengo a firmar mientras no se arregle esto, señores.

—Ni yo tampoco —comenzaron a repetir los demás, determinados.

Era una amarga resolución, pero nadie quería mantener indefinidamente aquella zozobra, aquella situación de inseguridad, así que corrieron la voz, identificados:

—¡Se acabó el paradero, vamos afuera!

Sin embargo, muy dentro de sí experimentaban cierta inconformidad, como un freno. Abrían paso a una huelga... Tantos años viendo las huelgas como una cuestión ajena, intangible, inalcanzable, los tenía confundidos. «Las huelgas son cosa del capitalismo.» ¿No estarían cometiendo un delito sancionado por las leyes? Andrés, el que vivía en el Cerro, recordó el grave impacto que causó en su cuadra el hecho de que un grupo de treinta vecinos firmaran y dirigieran una carta al municipio de los Comités de Defensa, sencillamente por el hecho de no estar de acuerdo con la presidenta, que se robaba los fondos recogidos para las fiestas públicas. Y es que en Cuba se prohíbe firmar documentos que no sean estatales, se prohíbe reunirse para algo que no esté establecido oficialmente, se prohíbe pensar porque los dirigentes son los que tienen permiso para eso. ¿Pensar...?

De repente tuvieron miedo de caer presos. Así andaba la cuestión cuando surgió dentro del grupo alguien con una propuesta intempestiva:

—Escuchen, yo tengo el teléfono de una periodista que trabaja en la radio. Vamos a llamarla, seguro que eso surtirá efecto.

Y el hombre sacó un papelito del bolsillo con el número de su conocida.

Jaime lo miró escéptico. «¡Vaya una solución! ¿De dónde ha salido éste?» No obstante, la mayoría aprobó la idea. Parecía menos cruenta.

Al día siguiente se llenó el paradero de caras extrañas: la periodista, fotógrafos, personajes del Partido y sobre todo agentes de la Seguridad.

—Llevan tres días entrevistando a todo el mundo. Y han hecho investigaciones hasta con los barrenderos. ¡Imagínate cuando se enteraron de que por poco hacemos una huelga! —le contó Jaime a la familia.

Dos semanas duró el revuelo. El ex-mayor de la Seguridad desapareció de la escena desde el primer momento.

—¿Dónde se habrá metido el personaje? —preguntó un conductor.

—Dicen que en un cargo igualitico, en otra empresa. ¡Se cayó «para arriba!» —contestó otro. Y agregó—: Claro, si toda esa gente sabe lo que hace, no te pienses que no están respaldados. Un regañito para tapar... ¡Y a trasladarse! Sólo son caras de turno.

—¿Y qué harán con nosotros?

—Bueno, la semana que viene hay una reunión para informarnos.

El nuevo administrador, el buró del Sindicato y el Partido Comunista dirigieron la famosa reunión.

—Bien, hemos revisado cuidadosamente cada expediente laboral. El que no haya tenido ninguna sanción con motivo de accidente, llegadas tardes, ausencias o cualquier otra amonestación quedará trabajando...

Los obreros se miraron, angustiados. La dirigencia proseguía. El resultado es que veintiún choferes e igual número de conductores, se reincorporan a su labor: con los carros que existen y varios que se arreglen ahora.

Jaime cerró los ojos. «¡Mi madre, eso no es ni la mitad de la gente! Esto es peor que la huelga.» Levantó tímidamente la mano:

—¿Y los demás?

—Tienen que quedar excedentes. Claro, cuando tengamos presupuesto...

—¡Pero será cuando la rana crie pelos! ¿No?

Un murmullo de inconformidad y desaliento recorrió la asamblea. Todos se sentían objetos de una injusta represalia.

El administrador puntualizó:

—Eso sí, ¡seremos inflexibles con los que tengan problemas! No se pueden tener más de dos ausencias ni más de tres llegadas tardes. ¡Ni rozar las gomas contra un contén!

Y dieron por terminada la reunión. Jaime Hernández y los otros afortunados del grupo escogido, tienen ahora sus carros: diez en total, para las cuatro rutas del paradero.

Atestados de gente, los ómnibus circulan espaciados en el tiempo, sofocantes, nauseabundos, manejados por choferes sudorosos y tensionados, que en las paradas donde espera la mayor cantidad de público, se sienten atormentados ante el tropel, temerosos de cualquier cosa que se les acerque: un ciclista osado, un peatón entretenido, un vehículo que acelera su velocidad de manera imprevista.

Una vida entera detrás del timón. Y después de todo aquello, Jaime Hernández se dio cuenta de que había desarrollado una intensa fobia a su trabajo.

AFIRMACIÓN DE LA PERSONALIDAD

—César —exclamó la directora de la escuela secundaria, perdiendo la paciencia—, ¿cuántas veces voy a decirte que debes usar correctamente el uniforme, sin apretar los bajos del pantalón? ¿Y que esa camisa tan grande parece la de tu abuelo?

Y se cruzó de brazos, imponente en su estatura, contemplando al estudiante que tenía enfrente como quien observa a un pobre insecto, cinco minutos antes de aplastarlo con el dedo.

César se miró la ropa y contestó sin vacilación:

—Profesora, yo no me veo nada de particular. Todo el mundo anda por el estilo —ella se estremeció de furia y vociferó:

—¡Quiero que mañana vengas con una ropa adecuada! Estás en un colegio, no en un desfile de modas. No me importa lo que se usa, ya lo sabes. Ahora hazme el favor: vuelve al aula e incorpórate a las clases.

El muchacho enrojeció y salió disparado de la dirección.

Al día siguiente, en el patio interior de la escuela todos los grados formaban sus filas para el matutino, cuando una risita burlona comenzó a socavar la disciplina del alumnado. La enorme figura de la directora se paró frente al patio y ladeó la cabeza de derecha a izquierda buscando la causa del desorden. Los muchachos miraban hacia atrás con disimulo y enseguida estallaban en carcajadas, tapándose la boca. En lo último del grupo, muy serio y más derecho que una vela, estaba César.

—¡Venga acá! —gritó la directora, indicándole con la mano que se acercara.

César se deslizó hasta ella. Usaba unos pantalones a la altura de media pierna, anchos como bandera, y una camisa tan apretada que parecía no poder respirar. Simplemente ridículo.

Sonrió a todos con tal aire de tonto, que la secundaria entera no pudo contener la carcajada.

—¡Salga de la escuela! —tronó la directora—. Y no regrese si no es con sus padres, ¡payaso!

César, divertido, desapareció volando. La madre del niño se justificó como pudo y prometió castigarlo por sus desmanes, pero en el fondo conocía la gran verdad: ya no podía con su hijo de catorce años. Era un ama de casa sencilla y permisiva, con siete menores más bajo su abrigo, que había perdido el control de César en los inicios de su pubertad. Él despuntaba con una ironía satírica intolerable. Por otro lado, tampoco los tiempos hacían gala de flexibilidad. No se podían escuchar los discos de Los Beatles so pena de incurrir en extravagancias extrajeras. El pelo largo según la moda indicaba protesta inaceptable en Cuba y la policía podía cortarlo en medio de la calle. Temas como la música rock, la moda extravagante y el contacto con las culturas occidentales, constituían un terrible tabú castigado con el estigma de «inadaptación social» y el repudio inmediato de la dirigencia.

¿Qué hacer entonces con César? Así pensaba su madre cuando Nora Gilda apareció en la escuela; se trataba de una maestra excepcional. No emergida de entre la pléyade de profesores inexpertos, graduados de golpe y gracias a la campaña propagandística que se había desarrollado para que grandes grupos de personas asumieran esta tarea, obedeciendo a la necesidad de docentes en el país. El Che Guevara había dicho: «No existe la vocación. La vocación se hace.» Y por supuesto, surgieron numerosos maestros en pocos años, muchos presionados por la Juventud Comunista: incremento de la cantidad en detrimento de la calidad.

Nora Gilda, en cambio, era diferente. Tenía la clase distinguida de los egresados de la escuela Normalista, que estudiaban el magisterio considerándolo una carrera en toda la extensión de la palabra. Su mirada era dulce, su trato delicado, su andar elegante. Sus lecciones resultaban comprensibles y amenas a pesar de impartir Física, una materia considerada difícil. No importunaba a los jóvenes con sermones políticos ni con esquemas morales aburridos y reiterativos, capaces de provocar náuseas desde su comienzo. Poseía una comunicación maternal que los alumnos no sentían impositiva ni preparada para censurar sus conductas.

Nora Gilda tenía dos hijos en la escuela primaria, un esposo, Bruno, también profesor, y un hogar que atendía al regresar del trabajo. La pareja se llevaba muy bien. Compartían sus intereses intelectuales. Los niños obtenían calificaciones de sobresaliente. Todo el mundo admiraba a la familia: una familia muy buena, que gira en torno de esta encantadora mujercita.

—No se preocupe, señora —le dijo la maestra a la madre de César—. Yo apadrino a ese grupo. Me gustan los alumnos como él. En el fondo son buenos y se pueden lograr maravillas de ellos si se les motivan. Déjemelo a mí.

Cesar pensó, varios años después, que había tenido una suerte excepcional. De continuar por aquella senda, sabe Dios adónde hubiera parado. Nora Gilda se esforzó mucho para enderezarlo. Cuando trataba de llamar la atención en clase, ella le buscaba una ocupación que promoviera la risa y a la vez sirviera para memorizar cuestiones básicas de la asignatura. Le encargaba tareas con las que se sentía importante y responsable delante de los demás. Habló con los otros profesores para obtener cooperación por parte de ellos.

—Escucha César —le explicó un día—, las personas inteligentes no malgastan su tiempo. Cierra los ojos y piensa que eres un adulto. Dime, ¿en qué te ves trabajando?

El muchacho quedó confuso, sin saber que contestar.

—¿Tú ves? Los hombres son respetados de verdad por sus conocimientos. Nadie mira igual al científico que a los demás. La perseverancia y el sacrificio se admiran, hijo, ocupan un lugar en la sociedad. Deseo que mejores las notas. Quiero que te esfuerces por hacer una carrera.

Cuando abandonó la enseñanza media, César había cambiado. Tuvo que pasar el Servicio Militar, pero lo soportó sin que significara más que un mal inevitable y transitorio. Al salir comenzó a trabajar, pero logró matricular en la universidad dentro de un curso para obreros. No quería quedarse siendo un mediocre, un sencillo hombre de pueblo encerrado en la simplicidad. A mediados de la década del setenta, César inició sus estudios de Ciencias Sociales. Estaba sorprendido consigo mismo por la forma en que asimilaba todo lo que antes rechazó de plano. Bueno, en realidad preparaba sus críticas, pero por el momento creía que debía guardarlas para más adelante, para cuando hubiera oportunidad. Un golpe de suerte lo colocó en un curso de postgrado de dos años, en la Alemania socialista.

A su regreso, lo designaron director de una pequeña empresa gubernamental que fue clausurada poco tiempo después por falta de recursos. Alrededor de mil novecientos ochenta y seis, César ocupó una plaza de profesor de cuadros políticos en una escuela sindical. Atuendo de guayaberas, bolígrafos y agendas en las camisas. Pantalones y zapatos gastados por el uso, baratos y estandarizados. Lenguaje típico, acuñado por la ideología.

César repetía año tras año los discursos irracionales donde proyectaba la imagen de una sociedad perfecta que acabaría con el Estado, con el poder del dinero y con la maldad de los hombres, dándoles iguales oportunidades en la vida. Eso formaría personas cuya única aspiración consistiría en trabajar y trabajar a toda hora, con la expectativa de satisfacer sus necesidades. Pero ¿cuáles eran en realidad esas necesidades? ¿Tendrían todas las mismas necesidades? Cuando César hablaba, sentía que se iba transformando en algo así como una ficha de dominó, veía a sus educandos como a las fichas restantes, se confundía en una fila interminable de rectángulos manipulados que al final se empujaban mecánicamente los unos a los otros.

Lo peor era el regreso al hogar después de las jornadas de ensueños. El aterrizaje forzoso. La guagua llena, manejada por choferes ansiosos que daban la impresión de perder el control del vehículo. La carencia cada vez mayor de alimentos, de vestimenta, de las cosas mínimas, que hacen falta para subsistir. El refrigerador se rompió y ya no existen esos equipos en la tienda. El televisor se ve mal, pero desde la caída del imperio soviético el año pasado, es difícil conseguir cualquier pieza de repuesto. César debía mensualidades a sus hijos del matrimonio anterior. El salario irrisorio que le pagaban a cambio de sus fantasías se acababa la primera semana de las cuatro que debía durarle. Su mujer había perdido peso, hacía esfuerzos y ahorros inútiles para ayudarlo.

Trabajar para cubrir las necesidades... sí, ahí radicaba el punto álgido de la situación. La escuela del sindicato preparaba un total de ochocientas personas anualmente, cuya única ocupación consistía en repetir sandeces. La escuela del Partido, muchos más. La Juventud Comunista, los políticos de las unidades militares, todos los dirigentes... ¿A quién se le ocurre que una sociedad pueda avanzar así, llena de zánganos? ¿Y eso es una economía planificada?

¡Y los que trabajan! Vacíos de deseos y de habilidad para hacerlo bien. Pasivos, apáticos. Ávidos por una plaza donde cada vez se esforzaran menos, no importan la mediocridad, la corrupción, la pérdida de valores. Las personas con algún talento tienen dos vías seguir su propio camino marginados, o continuar falsificando la historia para recibir reconocimientos.

Era como viajar en la máquina del tiempo de Wells, y encontrarse a la raza de los Eloi proliferando en Cuba. Una generación mutilada de iniciativa y virtud, ficticia e incapaz. Eso es lo que ofrecía el gran Socialismo que él exaltaba.

¿Para qué se había sacrificado tanto? Era mejor ser como Pipo su cuñado, por ejemplo, un humilde pescador pueblerino, alguien que no se daba cuenta de nada por la estrechez de su relación en ese ambiente.

César experimentaba contradicciones, disonancias con lo que promulgaba, malestar interno. Sufrió un reencuentro con su pasado: se volvió rebelde, esquivo, irónico. Sentía con frecuencia terribles dolores en la boca del estómago. El médico diagnosticó dos úlceras duodenales y gastritis, le prohibió el cigarro, la bebida, las comidas sazonadas... ¡Y los disgustos! ¡Qué simpático, mi madre, prohibirle los disgustos!

Él y su esposa vivían con la familia de ella, en el reparto Siboney, antiguo reparto de gente acomodada. Por las tardes solía pasear con su pequeño hijo, mirando las hermosas construcciones que al triunfo de la Revolución comunista habían sido arrebatadas a sus dueños, las que ahora ocupaban numerosos extranjeros de diversas nacionalidades. Las alquilaban en dólares, durante el tiempo que estuvieran en Cuba.

—Mi primo va a trabajar para una inglesa que vive por aquí, es mujer de un diplomático —le dijo su esposa un día— le pagarán en dólares.

—¿Y qué debe hacer? —preguntó Cesar.

—Servir de portero. Esa gente tiene criados de todo tipo. César no contestó nada. Al día siguiente visitó al primo. Necesitaban otro portero, y César pidió la baja de la escuela del sindicato y se fue a trabajar con el primo. Luchaba consigo mismo, con el desagrado de verse como un criado: «Sí señora, como usted diga. ¿Qué usted desea? Ésta es la casa de Miss...» Él era un universitario, un profesor, un especialista en Sociología y estaba allí, casi genuflexo. Pero haría lo que fuera con tal de darle de comer a los hijos.

César se recostó en la silla que ocupaba al lado de la entrada de la ilustre residencia. Su vista abarcaba la cuadra de esquina a esquina. Por la derecha venia acercándose una mujer de andar lento, cansado. Tendría alrededor de cincuenta y cinco años. Su rostro mostraba preocupación y ansiedad.

Miraba hacia todas partes como quien busca algo. Se trataba de un rostro muy conocido... ¡Nora Gilda!

César deseó que la tierra se lo tragara en ese mismo instante. Esconderse era imposible, se encontraba prácticamente en medio de la calle, y a escasos metros de distancia de su antigua maestra. Tragó saliva y se dispuso a enfrentar el amargo momento de ser descubierto "in fraganti," en la poco considerada labor, de las que Nora Gilda siempre lo había separado.

Se miraron de frente. El alumno se sorprendió al comprender cuánto había envejecido su profesora.

—¡César! ¿Cómo estás? —Nora Gilda lo abrazó contenta, ¡qué alivio!

Intercambiaron noticias familiares, las últimas peripecias de ambos. Con la cabeza baja, el confesó su ocupación. Ella le dijo:

—Mis hijos se graduaron en la universidad y se casaron. No viven con nosotros. A veces pasan trabajo... Bruno está enfermo desde antes de jubilarse. Y yo, calcula, inventando…

—¿Y qué hace por aquí entonces?

Despojada de su aire habitual, la maestra contestó:

—Es que dicen que en estas casas están contratando a la gente para que les hagan algunos servicios. Yo sé hacer de todo, César, lavar, limpiar, cocinar, lo que sea. Tú que te ves tan bien, ¡ayúdame César, por favor! ¿Puedes ayudarme a conseguir algún empleo, que lo necesito?

PSIQUIATRÍA EN LA COMUNIDAD

Los tres hombres llegaron con sus mochilas y enfilaron derecho al muelle de la playa en la costa sur de La Habana. Pipo, como le decían cariñosamente al más pequeño, entró en la caseta donde guardaba su barquito criollo para liberarlo, con vistas a iniciar su acostumbrada pesquería dominguera. Lino, el co-propietario, subió a bordo. El otro, llamado René, se quedó ayudando a Pipo.

—A lo mejor tenemos suerte y se nos pegan unas langostas —susurró.

—Hay que tener cuidado René —respondió Pipo—, no podemos buscarnos un lío, acuérdate que están prohibidas y últimamente están registrando como nunca.

«Cuando Lino lo dice—pensó René—, que éste con su cara de infeliz huele muy extraño.»

Y muy serio, saltó a la embarcación. Pipo montó detrás.

—Hay que virar temprano, recuerden —sentenció.

Arrancaron el motor. El Orca echó a andar crujiendo sus maderos. Hacía varios años que lo manejaban, siempre de acuerdo, buscando pescado para alimentar a su familia y para vender, con mucho disimulo, allá en el pueblo.

Guardafronteras los dejó pasar por el punto de control, una vez comprobado que los papeles estaban en regla.

Se alejaron. Al cabo de un rato, Lino propuso bajarse en los cayos cercanos utilizando un pretexto sin importancia. Ingenuo, Pipo aceptó. Quedó paralizado al comprender el verdadero motivo: una horda enloquecida abordó la embarcación, con la anuencia de sus compañeros de pesca, para su mayor asombro.

—¡Pero están locos! —exclamó el dueño— ¡Aquí hay espacio para diez personas, y por lo menos ha subido el doble! ¡Nos hundiremos!

Los dos amigos lo sujetaron. Frenético, Pipo trataba de soltarse y Lino lo golpeó lleno de furia:

— ¡Si; coño, nos vamos para los Estados Unidos quieras o no! Te lo hemos propuesto por las buenas más de diez veces. Ya nos cansamos de las barbaridades de este país, mi hermano.

—No llegarás ni a tres millas —gritó Pipo, indignado—, no cargamos combustible ni alimentos.

—¡Tú eres chivato! —contestó el otro y le cayó encima pegándole con todas sus fuerzas en la cara—. ¡Por mi madre que te mato ahora mismo!

René intervino:

—¡Espérate viejo! ¿Quieres llegar con un muerto en tu conciencia a los Estados Unidos? Vamos a amarrarlo y punto. Cogió una soga y lo inmovilizó en el mástil. Lino lo miraba con encono. Pipo no podía creerlo, su amigo de tantos años que le hiciera una cosa semejante. Él no era más que un simple obrero y tenía ese barquito porque lo habían comprado mucho tiempo atrás, con tremendo sacrificio. Si no quería irse de Cuba se debía solamente a sus padres, que estaban muy viejos, sobre todo a su madre que padecía del corazón y a sus hijos pequeños de tres y cuatro años. Su mujer se hubiera montado con ellos, pero la travesía le metía miedo hasta al más valiente. Bordear al cabo de San Antonio no era cosa fácil, hubieran tenido que alejarse mucho para no ser detenidos por los Guardafronteras. Se lo explicó a los otros, pero estaban tan desesperados que comenzaron a desconfiar de él. No concebían que nadie prefiriera la prisión invisible de la isla, a un riesgo previsto con inteligencia. La situación de Cuba había convertido a la isla en un infierno del que todos deseaban huir.

Pipo contempló a la gente que había subido, y que creyéndolo miembro de la Seguridad, se mostraban recelosas sin brindarle ayuda: diecinueve personas en total, entre ellos cuatro niños, uno de meses inclusive. Ante sus tentativas de pedir auxilio, le ripostaron agresivamente:

El Orca reanudó su travesía hacia el sur, evadió Isla de Pinos y se encontró de pronto perdido. Lino y René no tenían cartas de navegación, ni petróleo suficiente ni agua potable. A las veinticuatro horas todos se habían quedado sin alimentos y estaban a la deriva.

Mientras tanto, en casa de Pipo, su esposa y su madre decidieron acudir a la policía temiendo un desastre después de tantas horas de ausencia no calculadas. Fueron recibidas en la oficina de Guardafronteras y allí explicaron todos los detalles del barco y de sus intenciones iniciales.

—Iban a salir unas horas nada más a pescar. Desde anoche deberían haber regresado. - El capitán las miró con ironía.

—¿Es un barco del Estado? —preguntó.

—No, es particular, de mi esposo y un amigo, con permiso del gobierno, claro está. Lo tienen desde hace muchos años.

— ¿Ustedes saben si ellos querían abandonar el país?

—Estamos seguras de que no. Al menos Pipo no quería.

—En estas cosas no se puede estar tan seguro, señoras. De cualquier forma, a estas alturas ya no podemos hacer nada.

—¿Y no es posible comunicar con Isla de Pinos, por favor?

—El teléfono no funciona —explicó el hombre, tranquilamente—. Y no existen aquí otros medios de comunicación.

— ¡Pero por Dios! ¿Y si han tenido un accidente?

—Les repito que no puedo hacer nada. Si decidieron irse llevan muchas horas de ventaja, y si se accidentaron tendrán que esperar que alguien los rescate. No deben estar en aguas territoriales. Vuelvan a casa, señoras —Y se recostó en su asiento.

Desesperadas, las dos mujeres regresaron a Güira contando la situación a cada conocido que se encontraba en el camino, hasta que las expresiones indirectas de «cuán inocentes son», las llevaron a sospechar que en el pueblo un buen grupo manejaba información sobre lo que estaba sucediendo. Era un secreto a voces que el Orca iba a ser desviado el día anterior. Las invadió la depresión y la impotencia. La increíble pasividad de las autoridades, despechadas por ser las últimas en saberlo, las amarraba de pies y manos. La esposa se echó a llorar cuando, al llegar a su casa, los niños le preguntaron por el padre.

Entretanto, en el barco la situación era insostenible. Cuarenta y ocho horas de navegación sin rumbo y sin comida, ni siquiera agua. Los pomos que las mujeres traían para sus hijos se vaciaron finalmente. Los muchachos lloraban de hambre y de sed. El sol era implacable, y hacinados en cubierta, todos contemplaban con ojos ávidos el inmenso azul del mar, esperando ayuda.

De pronto apareció el primer barco a lo lejos. Gritando, los hombres saltaban y agitaban las manos desenfrenados. Uno de ellos se subió al mástil, pero la maniobra fue inútil: el barco desapareció en el horizonte sin sospechar la angustia de los fugitivos.

René y Lino habían decidido soltar a Pipo, porque era el único de los tres que dominaba algo de navegación, aunque ya a esa distancia conocía tanto como ellos. Todo lo que atinó a hacer fue recoger el agua del radiador en un recipiente, para amortiguar la intensa sed de la tripulación.

La pequeña de meses comenzó a tener diarreas. La mayor de los niños, que contaba doce años, notó que los ojos le supuraban.

Al poco rato apareció otro barco. Esta vez zafaron algunas gomas que, atadas a los lados del Orca, se destinaban a protegerlo de los golpes del muelle, y las quemaron en cubierta. Un humo espeso se elevó. Era seguro que la otra nave los veía. Pero no se molestó siquiera en investigar aquello.

Pasaron varias horas más y varios barcos de distintas nacionalidades. Los hombres del Orca subieron otras gomas al mástil y allí les dieron candela para que el fuego se notara.

El resultado fue el mismo: absoluta indiferencia.

Un intenso malestar invadió a las veintidós personas a bordo.

—No les importamos a nadie —se convencieron.

Las mujeres lloraban en silencio. Los hombres, llenos de desesperanza, no se atrevían a articular palabra.

El tercero y el cuarto día transcurrieron en situación similar. En más de una oportunidad las otras naves se acercaron tanto, que los náufragos levantaban a los pequeños para que comprendieran que viajaban niños a bordo. Pero tampoco la maniobra dio resultado.

La muchachita que tenia enfermos los ojos, ya no podía despegarlos y tanteaba a su alrededor. Todos estaban deshidratándose, especialmente el bebé. Los otros dos pequeños, de escasa edad escolar, agarrados de la falda de su madre suplicaban agua. Ella les respondió, de forma que los demás también la oyeran:

—Hemos decidido que no queremos ser esclavos en Cuba. Si nos toca morir, que así sea. Pero ni muertos volveremos al comunismo.

Los niños se callaron. Se escucharon los rezos de todos:

—Dios mío, ayúdanos. No abandones a tus criaturas.

Con las cabezas bajas imploraron la ayuda divina.

La noche en el océano apareció más desoladora aún, con su oscuridad y su silencio.

El quinto día avistaron el barco número quince a cierta distancia, y los hombres quemaron la última goma en el chamuscado pedazo de madera que aún continuaba en pie. Pero no fue el barco quién los percibió, sino dos avionetas sencillas, para ellos desconocidas. Sobrevolaron el Orca indicando que los ayudarían.

Un júbilo dramático se apoderó de los infelices. Al cabo de un rato que parecía interminable, un gran mercante griego se dirigió hacia ellos y comenzó a rescatarlos apresuradamente. Las avionetas le habían avisado las coordenadas exactas del desmantelado barquito criollo, y solicitado auxilio para la tripulación.

Dentro del mercante les brindaron todo lo necesario: agua, alimentos y medicinas. El médico de a bordo los atendió. Se bañaron y vistieron con ropa nueva. Fueron muy solícitos con ellos, y un hombre que hablaba algo de español, les explicó que los Hermanos al Rescate iban en las avionetas que les salvaran la vida.

Al día siguiente se encontraron con los guardacostas norteamericanos, que los transportaron con ellos para que el barco griego continuara su rumbo.

—Navegaban muy lejos de los Estados Unidos —dijeron—. Ustedes estaban perdidos, ha sido un milagro poderlos rescatar. Tenemos que quemarles el barquito —agregaron—, es muy primitivo, viejo, y ya empezaba a inundarse. De esa forma no quedarán restos por ahí.

Pipo sintió un nudo en la garganta al contemplar su antigua embarcación envuelta en llamas, desapareciendo poco a poco en las profundidades, sin salvación posible, aunque no quiso demostrar sus sentimientos. Mientras lo llevaban a la Casa de Tránsito en Cayo Hueso, su familia, en La Habana, había solicitado información al Ministerio de Relaciones Exteriores. Allí también los recibieron con ironía y escepticismo, pero al menos se comportaron con diplomacia.

—En todas partes piensan que soy una estúpida cuando insisto en saber de mi marido —explicaba María, la esposa— Ni ellos mismos creen en su sistema, no conciben que alguien desee regresar, aunque sea por su familia.

Le dieron respuesta oficial varias horas después de haber escuchado la noticia por Radio Martí.

En la Casa de Tránsito de Cayo Hueso se acogía a todos los cubanos que llegaban por mar huyendo del castrismo. Enseguida que arribaron los nuevos huéspedes, fueron recibidos por el director, personal asistente, y un sinnúmero de periodistas que los entrevistaban y tomaban fotografías. Ellos contaban la historia una y mil veces. Luego llamaron por teléfono a los familiares residentes en los Estados Unidos, y en pocas horas la gran mayoría había abandonado el recinto, después de poner en orden sus papeles.

Pipo no tenía a nadie en ese país. Durante los días que estuvo en la Casa de Tránsito, aprendió muchas cosas. Cubanos oriundos de su pueblo lo visitaron y mantuvieron diálogos con él, explicándole la vida en los Estados Unidos. Lo llevaron a la tienda a comprarse unos zapatos. Cuando se inclinó a recoger los zapatos viejos, lo sorprendieron con un regaño cariñoso:

—Deja eso. Se supone que los botes, ¿no?

No obstante su negativa de quedarse, le dieron visa por un año para entrar en los Estados Unidos, si así lo deseaba.

—Mira Pipo, si tú eres comunista, también puedes vivir aquí. Nosotros respetamos lo que cada uno piensa, nadie te recriminará.

—No podría pagar la medicina, es muy cara según dicen.

—Pero existen mecanismos para eso. Aquí las cosas se cobran porque conocemos su valor, no es como allá, que te engañan siempre. Te dicen que la salud es gratis y no hay medicinas, viejo.

El segundo de la Casa de Tránsito se interesó por Pipo cuando supo que estaba solo en el país. Comprendió que se trataba de un muchacho noble, criado en un pueblo de campo, que no comprendía fácilmente cómo algún tiempo después podría reunirse con los suyos de nuevo, en una tierra libre. El hombre no sólo es causa de sus costumbres; también es su consecuencia.

—Te invito a comer en mi casa mañana —le dijo, cordial. Y pasó a recogerlo al día siguiente. Su esposa se esmeró sirviéndole un bistec de ternera gigantesco y otros platos propios del gusto de cualquier cubano.

El pobre Pipo quedó anonadado mirando la carne que ni podía soñar con comerla jamás en su país. Pensó en los niños. Los ojos se le llenaron de lágrimas y lloró tanto, que el matrimonio tuvo que retirar los platos hasta que se tranquilizara.

— ¿No quieres quedarte aquí, verdad? —inquirieron.

—No, señor. Tengo dos hijos y no hago más que pensar en ellos. También en mi esposa y en mi madre que está enferma.

La Oficina de Intereses de Cuba le sacó al pescador su pasaje de vuelta a la Isla, al parecer de mala gana, porque el dinero que le entregaron no estaba ni siquiera completo. Sus amigos norteamericanos le regalaron los veinte dólares que faltaban.

No obstante, él regresó lleno de alegría, agradeciendo al cielo gozar de buena salud y poder abrazar de nuevo a los suyos. Al recibirlo, sus hijos le pidieron que no los dejara solos nunca más.

Pipo realizó las declaraciones pertinentes en la estación de la policía de su barrio. Lo escucharon en silencio, sin penas ni glorias. Cuando se hubo marchado, propusieron:

—Hay que vigilarlo. Debe haber cobrado por sacar a los otros en su embarcación. Nadie es tan incauto. Seguro se dedicaba a eso, el muy mosquita muerta.

— ¿No estará infiltrado, señores?

Ajeno a todo, Pipo, que había perdido el empleo, trató de conseguir una embarcación con el Estado. Esfuerzo inútil. Orca había sido un problema suyo que a nadie interesaba. Si estaba hundido, mala suerte. No existía ningún tipo de indemnización ni de arreglo.

Por otro lado, los vecinos ahora sí que lo esquivaban, más convencidos que nunca de que el antiguo pescador era agente del Ministerio del Interior cubano.

—Se hace el infeliz, señores. ¿Ustedes creen que alguien regresaría así de los Estados Unidos, como está la cosa aquí?

La esposa de Pipo trabajaba en una plaza de oficinista del municipio. Conversó con el coordinador, preocupada por la nube de comentarios que los rodeaba en una y otra dirección,

—Quiero que se sepa la verdad —suplicó.

—Trataré de esclarecer el asunto —le prometió su jefe—. Tan pronto realicemos un acto político presentaré a Pipo. A fin de cuentas es obvio que no traicionó a nadie de ninguna parte y ha regresado a su patria. Contaremos su verdadera historia.

María comprendió que algo andaba mal varias semanas después, cuando se celebró el famoso acto sin que la citaran siquiera. Indagó, desesperada, de nuevo con su jefe. Él le explicó:

—Contacté con los de Seguridad y me dijeron que no tenían orientaciones al respecto, que era mejor dejarlo todo como estaba. Yo creo que aún desconfían de él.

María se sintió ofendida; comentó con su marido:

—Son unos malagradecidos, ¡la gente que más maltrata a su propia gente! Si hubiéramos montado contigo ese día, ya estuviéramos bien lejos de aquí.

Pipo meditó durante mucho tiempo qué camino tomar. Dormía intranquilo, soñando cosas disparatadas, mezclando su pueblo con Cayo Hueso. Cuando María castigaba a sus hijos por sus travesuras, sentía una gran culpabilidad: «Allá no se sienten los niños, ¡tienen tantos juguetes! No los castigues, María, algo tienen que hacer.»

—¡Pero no me quites la razón delante de ellos! —protestaba, agobiada, su mujer.

Pipo pensó en irse de Cuba, aprovechando la visa que le habían otorgado. Comentó seriamente con sus amistades que este gobierno era una porquería, que le habían hecho la vida imposible. Pero nunca se decidió de veras pues no concebía separarse de sus hijos.

Consiguió trabajo en un taller de mantenimiento de una cooperativa, gracias a su propia gestión personal. Un año después el responsable, que por el propio Pipo conocía que a éste le gustaba el mar, lo llamó:

—Javier, nos asignaron un barco de pesca para la cooperativa. ¿Te gustaría ser el patrón y ocuparte de la captura de los peces que vamos a distribuir?

Pipo no cabía en sí de gozo, la sorpresa lo dejó perplejo. Ahora sí no le pasaría lo de antes, ¡Y ya no desconfiaban de él!

La nave en cuestión se hallaba en tan mal estado, que cuando lo llevaron a verla casi se desmaya. Por mucho menos que eso habían hundido al Orca. El casco requería madera, la caseta hubo que enviarla al astillero y el motor estaba muerto. Pipo se llevó a este último a su casa en el camión de la cooperativa, lo puso en el patio y lo desarmó con paciencia inenarrable. Era un gran motor, mucho mayor que el del Orca. Tenía piezas rotas. Torneó algunas, consiguió otras, ajustó el engranaje. Orgulloso, enseñaba a sus hijos la estructura y el funcionamiento de un motor de petróleo. Durante mucho tiempo permaneció el aparato ocupando un gran espacio en el hogar. El piso se manchó de grasa. Su mujer protestaba por eso a cada instante.

Después le tocó el turno al casco. Necesitaba una buena reparación de carpintería en su interior. Como no podía afectar el horario de trabajo, utilizaba sus horas libres para irse a Cajío, donde permanecía varado el barco. Los domingos se acompañaba de un cuñado, pues la empresa, complicada, requería de un ayudante. Los martillazos se escuchaban hasta que la noche caía sobre la costa sur.

Al menos la caseta llegó por esos días hecha de plástico, de vuelta de su remodelación en los talleres de Chullima.

Meses después terminó la obra, y finalmente pudieron armar la nave. Hermosa en su conjunto, rústica, aún sin los detalles del terminado, era tentadora.

Pipo acudió corriendo cuando su jefe lo mandó a llamar. El corazón le latía desesperado.

—Javier, tengo que darte una noticia... —comenzó el hombre, mirándolo con pena—, es una mala noticia.

—¿Una mala noticia? —El pescador estaba aturdido.

—Sí, el caso es que Guardafronteras dice ahora que necesita el barco, que no pueden dejárselo a la cooperativa, que lo van a recuperar.

—¿A recuperar ellos? —gritó Pipo, incrédulo—. ¡Si fuimos nosotros quienes lo recuperamos!

—Lo siento viejo, no creas que no agradecemos todo el esfuerzo que hiciste... Pero cuando les dije que tú serías el patrón no estuvieron de acuerdo. Dime Javier, dime con franqueza, ¿por qué te tienen tanta desconfianza, hijo?

Pipo se levantó sin oírlo, con una ira extraña atascada en la garganta.

Después que murieron sus padres vive apartado, divorciado, sin identificación política... ¡y sin barco!

PSICOTERAPIA INFANTIL

La niña se detuvo frente a la casa, sosteniendo un descolorido bebé de goma, evidentemente heredado de antiguas generaciones. Fijó sus grandes ojos de miel en los dos muchachos que correteaban incansables por los terrenos aledaños, y allí estuvo hasta que la advirtieron. Con la sencillez propia de la inocencia, enfiló derecha hacia ellos y les preguntó:

—¿Dónde ustedes viven?

—En Güira de Melena —contestó el mayor—, pero mi mamá prometió que si sacábamos buenas notas nos traería a casa de mi tía en estas vacaciones. Y ya pasamos de grado.

—¿Y aquí vive tu tía?

—Aquí —y el niño señaló la casa—. ¿Cómo te llamas?

—Claudia, ¿y tú?

—Javier, pero me dicen Chuchi. Tengo siete años.

—Yo soy Yuri —agregó el más pequeño, con una sonrisa.

—Pasé para tercer grado —dijo Claudia, orgullosa, y luego, con aire de tristeza—: pero mi mamá no me pudo comprar la muñeca que pedí.

— ¿Y tu papá? —inquirió Yuri.

—Vive en Lawton. Nunca viene. Dice mi mamá que a él no le importa nada.

—Mi papá vive en Güira, igual que nosotros —afirmaron los dos varones—. Pero tampoco pudo comprarnos los patines, porque no tiene dinero.

Se quedaron mirándose en silencio unos instantes. La niña era de piel morena y vestía un humilde vestidito azul.

Enseguida propuso:

—Vamos a jugar.

—¿A qué jugamos?

—A la escuelita.

—Eso es muy pesado —protestó Chuchi—, es mejor jugar a los escondidos.

—Bueno —acordaron los tres.

En el fragor de la carrera, María y su hermana se asomaron a la puerta, descubriendo las rubias cabezas ocultas en el herbazal contiguo a la vivienda.

— ¡Vengan a merendar! —gritaron a coro.

Claudia, prudente, permaneció en la acera.

— ¿Quién es esa niña? —preguntó María.

—La hija de una vecina de la otra cuadra —explicó la hermana—, es nueva aquí. La madre parece buena persona. Trabaja en la Textilera de Ariguanabo y a veces viene tarde a causa de los turnos rotativos. Como se divorció hace poco, la abuelita es quién la cuida.

Mientras refrescaban el calor con la limonada, María contó a su familiar:

—Fui con los muchachos al zoológico la semana pasada. Está hecho un asco, faltan la mitad de los animales, y los que quedan están tan hambrientos que ni se mueven. La gente les lanza cosas, hasta semillazos, para provocarlos y que se levanten. Al león lo único que le falta es bostezar. ¡Y los alimentos que venden! ¡Súper caros! Imagínate, mis hijos que son tan majaderos; se fueron sin comprar lo que deseaban. — ¡Pobrecitos! —protestó la tía—. ¿Por qué no los llevas al Parque Lenin? ¡Prepara unos panes con algo y hazles creer que viajan de excursión!

—¿Te volviste loca? ¿Y el transporte? El año pasado lo intentamos y caminamos tanto, que el paseo se transformó en una pesadilla. ¿Está funcionando el parque infantil de Playa, sabes cuál te digo, el antiguo Coney Island?

— ¡No hija, no, que va! Los aparatos se destruyeron, parece una ruina. Siempre pregonan que lo cerraron para repararlo, pero como no es una obra priorizada...

—Bueno Susana, tal vez los lleve al cine. Es barato además.

Se fijó en la niña. Seguía en la acera, silenciosa. La llamó haciendo un movimiento con la mano. Claudia entró en la sala. Le brindaron limonada, y María inquirió:

— ¿Te han llevado a ver alguna película en estas vacaciones?

—No —dijo la pequeña—, mamá está trabajando.

— ¿Y no te han contado si hay alguna que sea bonita?

—No.

—Eso siempre les gusta —intervino Susana—. Aunque no van a pasarse los dos meses yendo al cine, a ver la misma película.

Yuri, Chuchi y Claudia salieron corriendo a jugar, una vez terminada la merienda.

—¡A los agarrados! —gritó el mayor de los varones, llevando la voz cantante.

—¡Ya está bueno de retozo! —saltó María, incómoda—.

Van a desbaratarse los zapatos.

—Me los quito —alegó el niño.

—Y te cortas en el terreno, ¿qué bonito, verdad? ¿Quieres pasarte dos semanas lleno de puntos, sin caminar? ¡Digo, si encuentro en qué llevarte al hospital para que te cosan, porque el policlínico está de adorno!

—Por favor, María —le explicó Susana, conciliadora—, los vas a traumatizar. Déjalos que hagan algo propio de su edad. Están de vacaciones.

—No entiendes, querida. ¡Dios, son sus únicos zapatos! ¡Cada par cuesta el doble de mi salario por lo menos!

—Está bien, está bien. Entren, niños. ¿A qué otra cosa quieren jugar?

—A la escuelita —respondió Claudia, veloz como centella.

Vencidos por las circunstancias, los dos varones accedieron. Susana les facilitó un pedazo de madera como pizarra, y unas tizas antiguas que habían pertenecido a su hijo menor.

—Parecen payasos —comentó María.

—A propósito, ¿sabes que le echo de menos al circo soviético? Fíjate que Eduardo creció, ya estudia en el Tecnológico de Química, y todavía se acuerda de cuando íbamos juntos. Yo en realidad nunca lo soporté, pero al menos servía para distraerlos. En el coliseo de la Ciudad Deportiva cabe muchísima gente.

—Tienes razón —suspiró su hermana—, ¡ya ni eso!

—No te desesperes —se apresuró la otra, consolándola— En la televisión están poniendo ahora unos programas de verano aceptables.

—Si te digo la verdad... ¡Que se me fastidió el tubo de pantalla!

—¡Ahora sí! —exclamó alarmada Susana, sin poder disimular su pena. —Un televisor roto en Cuba es un aparato desahuciado, y uno nuevo, una quimera intangible para el que no tiene dólares.

Los niños se habían ido al cuarto. Claudia, en el rol de profesora, gritaba:

—¿Quién está cantando en clase? ¡Hay que atender a la pizarra!

— ¡Yo no! —se defendió Yuri—. Fue mi hermano.

—¡Chismoso!, dijo el mayor, empujándolo.

—Eso no es ser chismoso —aclaró la pequeña—. No eres un buen revolucionario.

Yuri sintió curiosidad:

—¿Por qué?

—Lo dice mi maestra. Hay que contar siempre lo que los demás están haciendo mal. Bueno, ahora pasemos a la clase de Español. Abran los libros. Levante la mano el que pueda explicarme quién es Lenin.

—Es un bobo —se burló Yuri, aburrido de no comprender lo que aún no le habían enseñado.

—¡Fresco! —se enfureció Claudia, zarandeándolo. No sabes nada. A ver, ¿quiénes pelearon en Playa Girón?

—¿Pero eso es Español? —preguntó de pronto Susana, que escuchaba sus voces in crescendo desde la cocina: ¡qué barbaridad!

—Lo que más me preocupa es lo bien que imita a los maestros —susurró irónica María.

—Ahora juguemos a las casitas —propuso Claudia cargando al muñeco—. Tú eres el papá y Yuri el tío. El niño está llorando —comenzó a mecerlo— ve al punto de leche y compra el litro, que tiene hambre.

—El punto está cerrado. El camión no ha llegado todavía con la leche. Haz como mi mamá: prepara otra cosa mientras tanto.

—Veré si ya vino el pan —se brindó Yuri—. No, dice el bodeguero que no.

—Yo me voy a la guerra —concluyó Chuchi, decidido— Soy capitán. Hay que explotar los camiones del enemigo con unas bombas, y luego atacaré al campamento para que no quede ni uno.

— ¡Yo, también! —gritó el hermanito, y dirigiéndose a Claudia: - ¡Pon al niño en el círculo infantil!

Claudia, indignada, repuso:

— ¡Abuela dice que se enfermará con diarreas! En esta casa nadie me ayuda...

Los muchachos lanzaban los peines por el aire, los aretes de la tía, los zapatos volaban.

— ¡Al suelo! ¡Cuidado con las granadas!

Chuchi se tiró sobre Yuri, impidiéndole moverse. El otro se quejó, adolorido:

—¡Suéltame, que me aplastas!

—Con el enemigo se es implacable.

—Me rindo.

—Acuérdate de lo que dijeron en la escuela: primero morir antes que rendirse. ¡Pioneros por el comunismo, seremos como el Che!

— ¡Me lastimas de verdad! —chillaba Yuri.

Alarmadas con el escándalo, las dos mujeres irrumpieron en la habitación.

— ¡No hagas eso! —lo reprendió la tía.

—¡No abuses con tu hermanito! —agregó la madre, incómoda. Lo levantó por un brazo, amenazante—: ¿No entienden lo que uno habla? ¡No quiero juegos de mano! Están castigados. ¡Al sofá, rápido, y cuidado con el que se mueva!

Chuchi suplicaba:

—Mamá, ¡sólo estábamos jugando a los soldados!

— ¿Y por poco lo aplastas? No me mortifiques y vete a sentar.

—¡No quiero! —dijo el pequeño, pataleando.

María perdió la paciencia y se abalanzó sobre él propinándole un montón de nalgadas. Yuri se echó a llorar aunque nadie lo había tocado. Claudia se quedó inmóvil como una piedra. Al final, los tres se acomodaron sobre el sofá sin emitir palabra.

—¿Ves lo que te digo? —se lamentó María—, son insoportables, no sé cómo entretenerlos, ¡acabaré loca de remate!

—No te atormentes, muchacha, tú verás. Vamos a meterlos ya en la playa. Dentro de un rato caerán exhaustos. Está cerquita y no cuesta nada.

—Vale la pena —contestó María, complacida. Al menos tenemos las bondades de la naturaleza— y dirigiéndose a sus hijos—: Si se sientan un rato tranquilos, iremos a bañarnos al mar.

Yuri se quejó:

— ¡Pero tú no nos dejas movernos de la orilla! ¡Queremos que vaya Claudia también!

—Bien... —analizaron las dos mujeres—, si la autorizan.

— ¡Bravo! —gritaron los muchachos.

Claudia se puso radiante. La costa, a trescientos metros de la casa, resaltaba bajo el sol. Diminutos encajes de espuma adornaban los esbozos de las olas, que no acababan de aparecer. El sol brillaba sin una nube. El mar parecía un plato, toda provocación. Asintió enseguida:

—Pediré permiso —y como una flecha, salió de la casa.

A mitad de la cuadra tropezó con su madre, que acababa de regresar del trabajo.

— ¡Mamá, mamá! —exclamó vehemente—. ¡Déjame ir a la playa!

La mujer la miró. Tendría unos treinta años, y un rostro cansado como de sesenta.

— ¿Jugabas allí?

—Sí, con mis amiguitos.

— ¡Ah, bien! —vamos a la casa.

— ¿Me dejarás bañarme?

—Claro que no.

— ¡Yo quiero ir, anda chica! —insistió la niña, alborotando de tal forma que el vecindario entero podía oírla.

Chuchi y Yuri se asomaron por la ventana.

— ¡Yo no quiero! —rezongó la madre. Claudia empezó a sollozar.

— ¡Me van a llevar, me invitaron a mí también!

—¡No puedo dejarte ir! —gritaba la madre a la par que la chiquilla.

—¿Pero por qué, mamá, por qué?

—¡Porque la playa da mucha hambre y hoy no tenemos nada de comer! —Y arrastrándola por un brazo, la desapareció del escenario.

INSIGHT

La mujer tomó su dedo y lo puncionó con sorprendente rapidez. Una gota roja y viscosa apareció en la punta y luego cayó en el líquido del tubo de ensayo, resbalando hasta el fondo.

—Adelante —le dijo—, y él se acostó entonces sobre la camilla, cerrando los ojos para no ver cómo canalizaban su vena con aquella aguja larga y gruesa, que lo desangraría parcialmente.

Afuera de la estancia todo era un gran alboroto. La escuela se movía como un hormiguero bajo el calor de la mañana de verano, mientras el sol casi tocaba el cenit. En el inmenso patio, las aulas y los laboratorios están dispuestos en amplios bloques de mampostería desde los cuales asomaban sus cabezas todos los educandos, por las desvencijadas ventanas de madera. Tenían sonrisas famélicas y miradas de hambre de larga duración, con las que acariciaban la preciada carga de alimento que iban despachando dos empleados desde el fondo de un vehículo.

El comentario llegó hasta la enfermería:

—¡Miren! —gritó afuera una muchacha—. ¡Trajeron espaguetis!

El muchacho sabía que no estaban exagerando. Siempre bajaban panes con algo impreciso y un poco de leche en polvo muy aguada. Pero esta vez alguien había reforzado la merienda de los donantes.

—¡Hace falta que venga bastante gente! —exclamó la técnico de laboratorio, desde la puerta. «Pues van a conseguirlo», pensó el muchacho.

Sus compañeros se debatían entre enfrentar el desagradable momento de pincharse y el más desagradable aún de sentarse a comer el miserable almuerzo de la escuela, consistente en algunos granos dispersos sin sazón, un puñado de arroz y con suerte, un poco de vianda hervida. Al lado de aquello los espaguetis sonaban como promesa celestial.

Mientras iban agolpándose frente a la enfermería, Eduardo recordó la reunión de militantes de la Juventud Comunista del día anterior. El secretario general explicó que hoy habría un banco de sangre en la escuela, que todos los militantes deberían donar por principio, que conocían la importancia de tal acto, y que esperaba del grupo una actitud ejemplar y una campaña de propaganda fructífera. Ésta era una donación especial en el año porque necesitaban un incremento del producto. ¡Piensen en todas las personas que podemos salvar, señores! ¡Y con un pequeño sacrificio!

Bueno... eso de pequeño sacrificio resultaba difícil de aceptar por el estudiantado. Cuando Eduardo se paró en la puerta de su aula, ya sabía a lo que se enfrentaba: que nunca desayunamos, que el almuerzo es apenas un bocado, que jamás comemos carne, que nuestra alimentación no nos nutre como es debido...

—Compañeros —exclamó alzando las manos en unas de las cuales mostraba, inconscientemente, su libro soviético de turno—. Ya conocemos todas las dificultades que existen. La donación de sangre es un acto humanitario que nuestro pueblo realiza en beneficio del propio pueblo, de nosotros mismos.

Estamos en el derecho y en el deber de donar. Cualquier persona, un familiar quizás, puede necesitar una donación de urgencia. ¡Y será nuestra propia sangre la que lo salve!

—Entonces, ¿por qué hay que donar cada vez que ingresamos en un hospital? —preguntó un alumno al final del aula. Era Rubén. Siempre ponía todo difícil, según Eduardo. Tragó en seco y le contestó:

— ¡Es que hay que tener algunas reservas! ¿No creen?

Los demás lo miraron inexpresivamente, aburridos del conocido discurso, consultándose la hora para salir a almorzar. Por un momento se sintió perdido. Pero de pronto, cogiéndola al vuelo, añadió:

—Cuando terminen de donar podrán reponer las pérdidas con la merienda. Hoy es especial, está mejor que el almuerzo. Contempló sus rostros, pálidos de hambre iluminándose con la imaginación. No desayunaban nunca. Un grupo se le acercó preguntándole «cómo sería la cosa». Rubén estaba entre ellos. Le alargó a Eduardo un libro de cuentos de Edgar Allan Poe.

—Toma, para que te leas «La Máscara de la Muerte Roja» —le sugirió, muy serio—. Cambia de literatura de vez en cuando.

Eduardo no lo había leído. Recibió el libro sin darle importancia. Hablando con sus compañeros, experimentó una extraña sensación de culpabilidad. «En fin, todo el mundo no alcanza igual nivel de conciencia —se justificaba, sintiéndose mejor consigo mismo—, hay que utilizar hasta el más mínimo recurso.»

Así no le dolió tanto el corazón cuando vio salir a Lisette de la enfermería, con el antebrazo doblado y los ojos tristes de niño. Ella le confesó:

—No sé por qué hacen esto con los estudiantes a cada rato. Supongo que somos unos mentecatos. De todas formas, tuviste que sacarte sangre cuando decidimos que me hiciera el aborto.

Eduardo no contestó. Volvió hacia un lado la cabeza. ¿Para qué recordar experiencias dolorosas que tienen el sabor de los fracasos?

La campaña de donación, en cambio, culminó convertida en todo un éxito.

Pasaron cinco meses. Eduardo estudiaba y leía de todo en sus ratos libres para distraerse. Su literatura preferida versaba sobre la Segunda Guerra Mundial. Lo impresionaba mucho la fría crueldad organizada del Partido Nacional Socialista y de sus más jóvenes representantes, los miembros de las Hitler-Jugend. Su padre le regaló «Las aventuras de Warner Holt», y terminó con pesadillas en las que llevaba a los judíos a los laboratorios de Química para hacer experimentos con sus órganos. Decidió despejarse con el libro de Rubén, y lo encontró tétrico, de una belleza escalofriante, con La Muerte disfrazada llevándose a la nobleza. Terminaba con él cuando llegó el mes de las prácticas docentes de Farmacia.

El jefe del curso lo mandó a llamar.

—Mira Eduardo —le explicó personalmente—, tu conducta es destacada, eres un buen militante de la Juventud. Por eso decidimos que integres el grupo que hará las prácticas en LABIOFAM. ¿Qué te parece? ¿Te gusta la idea?

¡Que si le gustaba! Enloqueció con la noticia. Los Laboratorios Biológicos Farmacéuticos son un centro del polo científico, y eso significaba laboratorios especiales con personal escogido, aire acondicionado, batas largas, mejor alimentación. Eran dirigidos por un descendiente del propio Fidel Castro. Un lugar con recursos, un pequeño oasis en el desierto.

—La vida hay que aprovecharla, hijo. No pierdas la oportunidad —lo exhortó su padre.

—Allí trabaja el doctor Martínez Redondo, desde que se fundó. Trata de ponerte en contacto con él, es un personaje.

Llegó su día. Eduardo iba pensando por el camino. Tal vez hiciera relaciones de amistad con vistas al futuro, después de la graduación. Sería perfecto conseguir una plaza allí. En otros lugares la gente se moría de necesidad, y no tenían ni las condiciones mínimas de trabajo.

Se sentía nervioso, tenso. El sitio desde lejos no parecía muy grande, más bien esquinado, misterioso, bordeando la carretera después de pasar el puente de la Novia del Mediodía.

—Llegó el primero —le sonrió la profesora que los esperaba en la recepción—, pueden ir acomodándolo.

Una mujer vestida con un traje similar al de los salones de operaciones salió a su encuentro. Llevaba un gorro de tela. Lo miró con frialdad.

—Sígueme —le indicó. El muchacho entró con ella. Sentía el corazón latirle en la garganta. Veía el laboratorio por dentro a través de los cristales: maravilloso, como de ciencia ficción, con un ambiente estéril, acondicionado, ajeno, casi con vida propia e independiente de las personas que de manera automática circulaban por él. Perdérselo era injusto. Temió al fracaso. Por primera vez se encontraba prisionero de la inseguridad.

Dio varios pasos anhelante, como hipnotizado, y de repente tropezó con el cordón eléctrico de un equipo de forma tan brusca, que a no ser por un milagro de equilibrio, hubiera caído de bruces en el suelo.

— ¡Ten cuidado! —rugió su acompañante—. ¡Aquí todo cuesta divisas! Figúrate si te pasa cuando ya estés ayudando en los hemoderivados. ¿Sabes cuántos dólares cuesta un frasco de sangre?

Eduardo la miró perplejo:

—¿Cómo?

—Sí— insistía la mujer— la sangre se vende en dólares en el extranjero. ¿No lo sabes? ¡Y se paga muy bien, para que lo sepas! También los extranjeros la compran cuando vienen al turismo de salud, ésas son divisas que entran al país, al Instituto...

Eduardo no podía creerlo. ¡Ellos donando de gratis, famélicos, descalzos! ¡Para que se la vendieran a los extranjeros en dólares! Había dejado de oírla.

—¡Anda, despierta! —lo agitaron por el hombro—. Acaba de resucitar, hijo. Toma, entra ahí y ponte esta ropa para empezar el trabajo.

Y le señaló el vestidor.

Aturdido, con aquellos trapos colgando del brazo, se metió en el cuartico y se vio reflejado en el espejo de la pared. - ¡Tengo manchas de sangre en la cara, como en el cuento de Poe! - balbuceó con horror, aunque era sólo su imaginación. - Tengo el rostro rojo, y eso que no me he puesto el disfraz!

Bajó la cabeza, soltando la tela, sintiendo que le faltaba el oxígeno y que era tan manipulado como los otros, que había cesado su distinción. Se sentía infeliz, engañado, estúpido.

Contempló a sus pies el traje que le habían dado al entrar.

Y volviendo la espalda, abandonó el recinto para siempre.

HOSPITAL DE DÍA

La noche del veinticinco de marzo se organizó una gran despedida para los delegados del Congreso Científico Nacional que había estado sesionando en los anfiteatros del Ministerio de Salud Pública; congreso en el cual quedaron expuestas, con singular brillantez, toda suerte de investigaciones trascendentales para el país.

La actividad de clausura consistía en una fiesta organizada en los salones del hotel que había servido de alojamiento a los distinguidos participantes, a saber, catedráticos, licenciados, candidatos al doctorado en ciencias, especialistas en las diferentes disciplinas y otros tantos expertos conocedores de la materia, muy bien integrados políticamente. La representación más completa del Partido Comunista, dentro del Sindicato de la Ciencia en el país.

Todo había sido preparado con buen gusto y elegancia a pesar de las escaseces del período especial: había espejos en las paredes, lámparas compuestas por incontables cristales biselados y transparentes que dispersaban la luz en cascadas de oro, exquisitas flores colocadas en búcaros redondos por las esquinas. Las mesas estaban distribuidas con buen juicio en el espacioso local, provistas de bocados y de bebidas al alcance de la mano de los comensales, los que circulaban de un lado al otro llenando sus platos y luego iban a sentarse en pequeños grupos siguiendo sus preferencias.

Las mujeres aprovecharon la oportunidad para engalanarse con sus vestidos nuevos y colgarse todas las fantasías a la vez:

sorprendentes cadenas, aretes largos o redondos que presionan o penetran el lóbulo de la oreja; anillos grandes, pequeños, brillantes, opacos, en el dedo anular, el índice o en cualquier dedo.

Los hombres estaban ataviados con traje y corbata, lo que nunca hacían salvo en ocasiones como ésta. Bebían despacio para no pasarse de tono. Todo el mundo comía tocando los bocadillos con la punta de los dedos, y levantaban la copa con el meñique estirado. Reían bajito, se comportaban con moderación, y se contenían dentro de su propio marco igual que un retrato llamativo, pero limitado desde cualquier ángulo que se le viese.

Francisco, un profesor universitario muy conocido, celebró a Tamara, la especialista más importante de su instituto.

—¡Qué elegante has venido! —dijo con tono de agradable chanza—. No pareces la misma de siempre.

Tamara tenía cuarenta y un años muy bien conservados y, así vestida, parecía una princesa con su pelo teñido de rubio cenizo. Contestó sonriente:

—Eres muy atento, querido, gracias —hizo un gesto distinguido y continuó conversando con Elisa, una compañera diez años más joven, muy valiosa, la cual saludó cinco minutos más tarde a Osvaldo el investigador, que con su gran bigote negro, se acercaba a ellas para brindarles bebidas.

—¿Cómo te sientes? —le preguntó Elisa—, creo que fue un congreso excepcional.

—Tienes razón. La mesa redonda sobre la utilización y el desarrollo del elemento «X», estuvo magnífica. Abre un campo enorme para la investigación en mi laboratorio.

— ¿Y qué me dices de la conferencia de Martínez Redondo? (Martínez Redondo era un anciano erudito, casi octogenario.) Osvaldo sonrió.

—El viejo sigue siendo una fiera, ¿eh? La gran «vaca sagrada». Figura como director de todo. ¡Los años tienen sus privilegios!

—Los años y otras relaciones ministeriales —intervino Tamara, maliciosa. Arnaldo entró en ese momento, saludando con la cabeza para no interrumpir:

—Quería hablarles sobre algunas ideas para mejorar los reactivos que intervienen en la producción de los alimentos compuestos —dijo—, se ha quedado parada la iniciativa desde que Ernesto pidió asilo político en los Estados Unidos y Héctor se quedó en Canadá.

—¿Qué ha sido de la mujer de Ernesto? —preguntó Tamara.

—¿Gabriela?, creo que todavía está en Cuba. Ya no trabaja con el ministro.

Se hizo un corto silencio a causa del rumbo peligroso de la conversación. Pero Arnaldo, que era la propuesta máxima para ocupar la jefatura departamental y que por lo tanto se sentía seguro, inquirió espontáneo:

—A propósito, ¿dónde se ha metido Mario, el de Las Villas? Este año no lo he visto en el evento.

—Claro que no —aseguró Francisco con aire misterioso— ¿no te acuerdas del trabajo que le premiaron en el extranjero? Es sobre la enfermedad causada por el déficit alimentario de la población.

—¡Mi madre! —exclamó Elisa, poniendo los ojos en blanco—. ¿Cómo se le ocurrió meterse en un problema semejante?

—¡No, si lo resolvieron todo fácilmente! —aclaró su interlocutor—. Pusieron a Ramiro al frente de un estudio que demuestra lo contrario. Ahora la culpa es de un virus. Por supuesto, Mario no estuvo de acuerdo y se disgustó mucho.

—Debe estar llevando tratamiento psiquiátrico —sentenció Arnaldo, convencido. En ese momento se resbaló el bolso de Tamara al suelo.

—No, no te molestes —acudió Francisco raudo y solícito, recogiéndolo a una velocidad increíble para sus cincuenta y tantos años y sus excesivas libras de peso.

—Muchas gracias otra vez —respondió ella con atractiva cortesía—, iré al baño a retocarme.

La conversación giró sobre temas científicos profundos.

Tamara se encontró frente al espejo con Adela, la especialista del nuevo centro de investigación, que buscaba en vano su peine dentro de la cartera. Tamara se ofreció a prestarle el suyo. Salieron juntas del tocador femenino preguntándose por sus correspondientes familias según ordenan las buenas costumbres.

—Tú sabes que mi hermana se fue el año pasado para los Estados Unidos —le contó Adela.

—Sí, sí, pero no lo comentes mucho—aconsejó Tamara—por si se presenta algún viajecito de superación, no vaya a ser que opinen que no eres confiable.

Se unieron al grupo y terminaron la noche con cumplidos, invitaciones, y cordiales apretones de manos.

A las diez de la mañana del día siguiente llegaron los ómnibus destinados al transporte de los delegados hacia sus lugares de origen. El costo de este transporte había sido incluido en el del congreso. La única dificultad consistía en que se trataba de ómnibus adaptados, y por lo tanto muy incómodos para viajes largos. Había uno para cada región del país: tres en total. Pero algo es mejor que nada. Y manos a la obra, todos fueron entrando en ellos lo más rápido posible.

Las damas llevaban demasiado equipaje, sobre todo para el gusto de los caballeros.

Arnaldo miró con cierto rencor a Tamara, cuando ésta le dio un encontronazo violento en la misma pierna derecha, haciendo un uso casi doloso de la esquina de su maletín, al tratar de sentarse. Además, con el apuro olvidó darle las disculpas, lo cual fue mucho peor.

Hacía un bochorno agobiante dentro del pequeño infierno en que ahora estaban. El techo era muy bajo, el piso ardiente y los asientos duros sin forro protector. Osvaldo abrió del todo su ventanilla. En el asiento de atrás, el cabello de Adela comenzó a enredarse con el viento, cosa que la incomodó:

—¡Cierra eso!

—Hace mucho calor —intervino Francisco, molesto.

—Estás demasiado gordo —ironizó Adela, defendiéndose.

—¡Menos mal que te trasladaste de instituto! —exclamó Osvaldo, impulsivo.

—Sí, seguro —contestó ella—, es mucho mejor que seguir con gente como ustedes. ¡Te pasas la vida quejándote de que Francisco no te considera, y de que prefiere a Arnaldo para nuevo jefe del departamento!

—¡Mentirosa! —rugió Osvaldo, atrapado de repente.

—Son ridículos —se burló Adela—, ¡celándose y llorando por los carguitos de porquería!

—¡Tú no irás jamás al extranjero, no eres nadie! —agredió Osvaldo, encolerizado—. ¡No te darán la oportunidad de ningún curso!

Comenzó una discusión de media hora que avinagró a los científicos y los hizo alzar la voz, agitar las manos, y mantener la ventanilla abierta a toda costa por la que salió volando el maletín de Tamara, sin precisarse bien quién le había propinado el impulso. Unos segundos después regresó por la ventanilla del lado opuesto en contra de todas las leyes de la Física y golpeó sorpresivamente la calva del eminente doctor Martínez Redondo, haciéndolo lanzar una maldición impropia de su categoría en el mismo oído de Arnaldo, su compañero de viaje, quien recordó de manera brusca todas las ramas de su árbol genealógico. Arnaldo se levantó furibundo y tembloroso por la ira.

—¡Óigame lo que voy a decirle! —chilló indignado, dispuesto a sacudir al viejo.

—¡Usted está abusando porque es más joven! —gritó a sus espaldas un discípulo de Martínez Redondo, que ya salía a defenderlo lleno de ínfulas heroicas.

—¿Qué estás buscando, ganar puntos? —inquirió Arnaldo, mordaz.

—¿Crees que soy como tú, que no sabes ni lo que pregonas?

— ¡Eso te lo voy a recordar en el Instituto! ¡No eres más que un inadaptado!

En los asientos cercanos a la ventanilla abierta continuaba la disputa. Elisa se había involucrado, y estuvo a punto de lanzarse contra Tamara, porque tenía enormes deseos de halarle el pelo rubio cenizo.

En ese punto delicado de la cuestión, el ómnibus maldito hizo un horrible ruido y se quedó inmóvil.

—Creo que se ha fundido el motor —anunció el chofer.

—¡Sólo eso faltaba!

— ¡Esto es una verdadera desgracia!

—¿Cómo nos trasladan en esta porquería?

—¡Seguro que ahora la culpa es del período especial! —se quejaban todos frenéticos.

El chofer se enfurruñó e hizo ademanes imprecisos y amenazantes. Tenía que bajar a buscar auxilio, de lo contrario no se sabe cómo hubieran parado las cosas.

Pasaron dos horas sin resolver el asunto, en una carretera rural. Comenzó a llover y hubo que cerrar la famosa ventanilla. Adentro del vehículo las personas también llovían sudor semejando sopas vivientes. Cada uno se encerró en un mutismo iracundo y egoísta, que sólo se rompió cuando vieron aparecer el camión enviado por el destino para remolcarlos. Entonces todos los estados de ánimo se aplacaron, giraron ciento ochenta grados de diferencia, y se plasmaron las primeras sonrisas, las primeras disculpas, y una buena dosis de condescendencia.

—Bien, creo que discutir es algo desagradable y no conduce a nada. Abre la ventanilla si quieres.

—La abriré un poco y molestará menos.

—Creo que me excedí.

—No tiene importancia, ya pasó.

Se relajaron. Parecía que las cosas iban a tomar un curso más asequible y prometedor. En realidad, ya lo estaban tomando a pesar de las incomodidades del viaje, pero sentían hambre y sed porque la interrupción no había sido prevista. Los estómagos clamaban y hacían ruidos a sus dueños, martirizándolos.

—¿Está muy lejos el pueblo? —preguntó ansiosa Adela, que además del hambre necesitaba resolver otras cuestiones fisiológicas.

—Todavía falta un poco —contestó el chofer—, nos demoramos más por el remolque.

Así que tuvieron que conformarse. Aunque por dentro sentían los mil y un aguijonazos de la peor de las calamidades: la insatisfacción biológica del cuerpo humano.

Al fin vislumbraron el pueblo y la cafetería. Se pusieron de pie al mismo tiempo, nerviosos, sudorosos, desesperados: se miraban a hurtadillas midiendo bien el espacio disponible y las posibilidades de éxito sobre los otros, a la hora del desembarco.

«Seré el primero —pensó Arnaldo— soy el más flaco».

«Puedo salir adelante— calculó Osvaldo—, soy el más rápido».

«Empujaré con todo mi peso», meditaban Francisco y Tamara, los dos gordos.

«Voy a pincharlos con mi alfiler», dijo Elisa para sí misma.

«Nadie se resiste a mis codazos», se aseguró Adela.

Cuando el ómnibus se detuvo al fin frente a la cafetería, el tropel se lanzó propinándose traspiés, cayendo al suelo, gritando permisos, compitiendo, rodando escalerillas abajo, confusos, sin poder precisar quién llevaba la delantera, hasta que una voz fuerte y victoriosa gritó triunfante en la misma entrada del establecimiento:

—¡Por favor, señorita, sírvame una croqueta bien rápido que llegué el primero! ¡Soy el doctor Martínez Redondo!

PSICOTERAPIA BREVE

La mujer abrió la puerta y se encontró con los ojos oscuros del hombre, mirándola fijamente...

— ¿Es usted Gabriela Gómez?

—Sí, ¿qué desea?

Él levantó las manos entonces y enseñó el carné del Departamento Técnico de Investigaciones.

Una nube ensombreció el rostro de Gabriela. Era la tercera vez que Seguridad del Estado la visitaba desde que Ernesto, su esposo, pidiera asilo político en el curso de un viaje transitorio a los Estados Unidos.

—Pase y siéntese —sugirió incómoda. Había vivido junto a Ernesto toda su juventud, compartido sus preocupaciones, sus ideales, en la época en que todavía las personas soñaban con ideales. Él no había sido un oportunista. Pero esos personajes no podían comprender que se había hastiado de la hipocresía del sistema, de las mentiras disfrazadas de verdades, del maquillaje desteñido de un gobierno que apenas engañaba ahora a un puñado de incautos foráneos pletóricos de utopía.

Mientras el teniente se sentaba, ella recordó la primera visita en el año noventa y tres, pocas semanas después que se conociera la decisión de Ernesto. Encontró cierta lógica a esa visita, porque su esposo había estado asesorando comercialmente a un ministro, mientras que ella aún fungía como asesora económica.

Inicialmente la trataron muy bien, diciéndole que no se dejara aniquilar, que no se amedrentara, que tenía que salir adelante y enfrentar los problemas, que ellos confiaban en su responsabilidad. En resumen, una exhortación a que siguiera trabajando y demostrara que ella no quería abandonar el país, que el traidor había sido su marido. Al tantear esa tecla Gabriela se sintió mal consigo misma, pero se calló. Pensó con razón que este país era el que los había traicionado desde hacía muchos años vendiendo los principios que tanto pregonaba. Ernesto se quedó solo en Cuba a los catorce años. Se sentía revolucionario. Luego fue comprendiendo poco a poco lo que era la política socialista. Cuando estudiaron juntos la carrera de economía, tuvieron que aprender largos sermones irrisorios de marxismo, digerir aquel siniestro volumen de El Capital hasta que penetrara en todas sus células y se incorporara en sus sistemas de creencias como una Biblia. Y después no se aplicaba nada de eso, después había que trabajar adoptando patrones bien poco ortodoxos por cierto. Sufrieron con la irracionalidad nacida de dirigentes ignorantes, con los altibajos de los dueños del poder. Pero ella, tenía un hijo de catorce años y se había quedado sola en Cuba, así que dio la impresión de agradecer a la Seguridad del Estado sus «consejos», sin disentir aquella vez.

El hombre se sentó.

—Soy el teniente Antonio —empezó él, presentándose—. Usted trabaja ahora en una firma comercial, ¿no es cierto?

Gabriela se preguntaba a qué vendrían de nuevo. Sí, porque la segunda irrupción en su existencia había sido precisamente porque no estaba trabajando desde hacía meses. Ocurrió en Octubre de mil novecientos noventa y cuatro, cuando de forma repentina se apareció en su casa un mayor de la Seguridad llamado Marcelo quien se identificó como el jefe de la zona, que venía a aconsejarla, a ayudarla, ya que ella estaba acogiéndose a certificados médicos sin tener ninguna enfer-medad seria, «¿no es verdad? Usted no los necesita, no se disminuya, hay mucha gente envidiosa que lo único que desea es verla acabada, verla apartarse de los que la orientan bien. Su esposo no servía para nada, la ha abandonado, ¿no?»

Tanta manipulación irritó a Gabriela que se les encaró esta vez:

—Mire señor— aclaró enseguida—, lo de mi esposo y yo es mi problema. Y si de algo ustedes pueden estar convencidos, es que yo no le voy a poner ni un número más a la economía de este país. Me moriré de hambre, pero ni un número más, ¿entiende? Si otra cosa le preocupa duerma tranquilo, que yo no le sirvo a ninguna persona de escalera para que suba a mi costa, y no estoy atentando contra los poderes del Estado. ¿Algo más?

El Mayor Marcelo la miró con rencor mal disimulado. Decididamente, Gabriela era irrecuperable.

¿Por qué aparecía el Teniente Antonio a estas alturas, dos años después, cuando ella se había esforzado por dar una apariencia de cambio diametral a su vida, cuando proyectaba otra imagen social?

—Le explicaré —dijo el teniente—, usted tenía una motocicleta marca Yamaha que pertenecía a su jefe anterior, el señor Martínez, jefe de la firma comercial, el cual regresó a su país. Están vencidos los papeles, quiero decir, la importación del aparato. Además aparece en el inventario como que la moto se quedó en Cuba. Usted sabe que un extranjero no puede dejar ningún artículo eléctrico ni ningún motor a los cubanos.

Gabriela recordó el pequeño medio de transporte con un solo cambio de velocidad. «¡Ah! Vienen por eso. Todo el rollo por esa porquería». Se cruzó de brazos, hastiada.

—Sí, lo sé; que no pueden regalarnos ni un reloj de pared. Además, si yo me fuera del país tampoco mi casa seria mía ni mi carro. No podría disponer de ellos porque presentaría salida legal. Ya ve, conozco las leyes y todo lo que confiscan, los muebles, los artículos electrodomésticos...

—Basta, señora —contestó el agente que comenzaba a sentirse molesto—. ¿Dónde está la motoneta?

—Usted sabe tan bien como yo que no está aquí sino en mi centro de trabajo. ¿Por qué no le pregunta al nuevo jefe?

—Eso de que la policía visite así a una firma comercial, ya usted sabe, es desagradable. Hay ciudadanos de otros países. ¿Qué pensarían de la situación?

—¡Pensarían lo cierto! ¿Por qué viene a intimidarme a mí? ¿Porque soy cubana? Pues escuche, la moto sí estuvo en mi casa dos meses pero fue por un problema de la firma, ahora la guardan ellos, porque es de ellos. La utilicé para hacer gestiones de trabajo. Una vez concluidas, la entregué de nuevo.

La situación era, en una palabra, ridícula. ¡Tanta bulla por un artefacto de porquería! ¡Ni que se tratara de un avión de cuatro turbinas! ¡Qué gente, cada vez más miserable, más ruin! Empezaron interviniendo las propiedades de los ricos; luego se adueñaron hasta de las guaraperas y de los kioscos. Continuaron robándose los objetos de las personas que decidían salir de Cuba, sus prendas personales: hasta las cadenas de la infancia y los anillos de compromiso de los que se fueron por el Mariel, se los cogieron. Y ahora esto, le quitan a los demás cualquier cosa que les regale un extranjero, ¡las propinas de los gastronómicos, que es el colmo! Lo más triste es que no progresan. Claro, robar no es el estilo de vida que mejor conduce al éxito...

Antonio miró a Gabriela con una cruel frialdad, que traspasaba el silencio, y lentamente preguntó:

—Pero usted tiene un hijo, ¿verdad?

La estremeció como un chorro de agua helada.

—Mi hijo es un muchacho de dieciséis años y nada tiene que ver en este asunto. Acaba de terminar la secundaria básica, como aquél que dice.

—Estudia en una beca de deportes. ¿Usted conoce las ventajas de eso? Integra un equipo nacional, con muy buenas puntuaciones. Sería una lástima que tuviera que dejarlo.

Ella se sintió insultada ante el chantaje. Respiraba con rapidez imprevista.

—Ya le dije que es un menor, a mi hijo me lo saca de todo esto. Con ustedes las cuentas son eternas y él no se las va a pagar, ¿comprende? ¡Quiero que lo deje en paz!

El teniente comprobó el efecto de su disparo verbal. Con una sonrisa se levantó concluyente:

—Mañana la llamaremos a la oficina para que nos entreguen la motocicleta. Recuerde, esperamos una respuesta positiva. Ayudándonos a nosotros, ayuda a su hijo.

Gabriela se quedó sentada, muda ante su impotencia. Y en los muchos días sucesivos, lo único que hizo fue planificar la salida de su hijo hacia los Estados Unidos, que un buen día, y a Dios gracias, llegó ileso.

ENTRENAMIENTO PARADOJAL

—¡Quiero que alguno me diga inmediatamente quién les ha vendido esos caramelos! —exigió Fermín Cueto, el director de la escuela secundaria, a un grupo de alumnos que disfrutaba del recreo.

Los muchachos se miraron y se quedaron mudos de repente. Fermín era un hombre corpulento de rostro habitualmente feroz, que tenía el sobrenombre oculto de «La Mole». Todos le temían por su figura y su severidad.

—¿Se han tragado la lengua? A ver, aquí no se les vende merienda a los educandos, que yo sepa.

Ellos también estaban seguros de eso, de que desde tiempos inmemoriales se había olvidado la buena costumbre. Por eso, cuando furtivamente gastaban algunos centavos a costa de los bocados del recreo, lo agradecían muchísimo al vendedor y no se hubieran atrevido a delatarlo.

Fermín los miró atronador.

—Así que no quieren decirlo, ¿verdad? ¡Suban a la oficina!

—Fue un muchacho que pasó por la acera —sugirió una niña, avispándose de pronto.

—Sí, sí —aseguraron los demás.

—Están mintiendo —sentenció el director, saboreando sus palabras—, no he visto a nadie aproximarse a la cerca. Creo que sé quién fue. Suban y lo discutiremos —y le hizo una señal a Rosa, la profesora de Geografía, para que lo acompañara.

Los alumnos, amedrentados ante la idea de un futuro castigo, ganaron la escalera como reos que acuden al verdugo.

—No digan nada —se susurraban sigilosos. Una vez en la oficina del director, éste insistió:

—Ustedes saben que está prohibido por el gobierno el expendio de alimentos sin licencia. Pero es mucho más feo si los vende un profesor. ¿No es cierto, Luis? Dime, ¿una profesora te dio los caramelos?

Luis repitió que no, asustado. Los otros sudaban inquietos.

—¿Y a ti, Yosvani?

—No, a mí tampoco.

—¿Y a ti Daniela?

—No, no, yo ni lo vi. A mí me lo regaló Sandra.

—¡Sandra, ven acá! —llamó el director. La jovencita, que se había quedado junto a la puerta, se acercó enseguida—. ¿Quién te vendió esto? Y levantó entre el índice y el pulgar, un azucarado cono de colores.

—Un muchacho que pasó por la acera —repitió ella.

La maestra de Geografía, sonrosada y regordeta, bajó la cabeza dando la impresión de sentirse apenada.

Fermín estaba furioso. Los alumnos se alejaron protestando bajito, mientras el timbre indicaba que el recreo había finalizado.

—Menos mal que hoy no vino la jefa del grupo —dijo Yosvani—, se hubiera visto en un compromiso.

A Rosa la de Geografía, por su parte, le ordenaron que avisara al Consejo de Dirección, a los militantes del Partido y de la Juventud, para que acudieran al momento. Luego Fermín citó a los profesores:

—A las doce tendremos reunión en la cátedra de Biología, sin falta.

A esa hora todos estuvieron allí. La cátedra de Biología era un local amplio y accesible en el piso bajo. Los educadores se acomodaron en espera de la discusión.

Fermín comenzó:

—He descubierto que les venden a los niños comestibles durante el receso. Todos sabemos que eso es ilegal.

Lo atendían sin decir palabra. Prosiguió:

—También sabemos quién se dedica a eso. Pero espero que lo confiese autocríticamente y sin que yo deba señalarlo.

Se hizo un gran silencio, molesto, intimidatorio. Unos miraron al piso, otros juguetearon con los dedos y los bolsos, los terceros volvieron la cabeza como huyendo de la situación. Al fin Laura, la maestra de Educación Física, levantó la mano.

—Fui yo —dijo tranquilamente, estaba de frente al director y sus ojos parecían dos azabaches.

—Quisiera oír la opinión de ustedes —repuso el director, complacido, cruzando los brazos. Dirigió un rápido vistazo al secretario del Partido, que era el jefe de la cátedra de Historia. Este saltó como impulsado por un resorte:

—Es una falta seria, no sólo porque estamos violando la ley, sino porque estamos enseñando a los muchachos a violarla. Ustedes saben que ya hay un grupito haciendo negocios. Sin ir más lejos, el otro día descubrí a Misael, el del grupo noveno cinco, vendiendo anzuelos de pesca. Todo lo que ven lo copian.

Laura intentó explicarse:

— ¡Pero si los muchachos resuelven la merienda con eso! Además, tuve que hacerlo. Ustedes saben que mi madre está enferma y que el salario de nosotros no alcanza ni para...

Rosa, carraspeando la interrumpió:

—No te justifiques Laura, es imperdonable lo que hiciste, ¿no lo entiendes? Los alumnos reflejan el interés monetario...

—Hablando de eso y para ejemplificar —añadió Estrella, profesora de Matemática y miembro del Consejo de Dirección—, algunos niños se acercan a los extranjeros para pedirles monedas y regalos.

—Y algunas niñas antes de los quince se han vuelto jineteras —señaló el "teacher" de Inglés, más joven, dirigente de la Juventud Comunista—. ¡Esos son los malos ejemplos, la falta de control, la pobreza de valores éticos!

—Creo que debemos tomar medidas enérgicas con la conducta de Laura —sentenció el director—. ¡Calculen si esto hubiese trascendido hasta la policía! Todo el mundo estaría involucrado.

El grupo lo siguió. Expusieron sus puntos de vista, unánimes, haciendo gala de discursos fluidos y llenos de censura hacia tales formas de diversionismo que se desvían de las normas de moral socialista, «cuestiones que no podemos dejar que se repitan, no señor, nosotros estamos aquí para evitarlas, para salirles al paso cada vez que choquemos con ellas. Porque nosotros formamos el futuro, forjamos al hombre del mañana, la generación más pura surgida de los ideales de la Revolución...»

Fermín sonreía satisfecho. Cuando los demás terminaron, tomó de nuevo la palabra.

—¿Comprendes, Laura? Por esta vez vamos a aplicarte una sanción, un cambio provisional de empleo, con rebaja de salario, pero para la próxima seremos más estrictos en hacer cumplir las normas establecidas.

Laura bajó la vista hasta sus tenis desgastados, pensando en la familia y en lo que les esperaba durante ese tiempo. Se sentía humillada y colérica, víctima de una encerrona sin sentido en la que los demás se anotaban puntos de victoria. Lloró en silencio tragando su humillación sin réplicas inútiles.

A la semana siguiente, el secretario del Partido Comunista se encontró con el de la Juventud, en la oficina de docencia. Le preguntó por el alumno Misael, el de los anzuelos. Hacía días que no acudía a clases y estaba aumentando el ausentismo escolar.

—Ése es un pobre muchacho —contestó el "teacher" —. Sus padres son testigos de Jehová, opuestos a la política de la escuela, gente muy pobre a los que el gobierno no permitió nunca adelantar por su religión. Hasta estuvieron presos. Tú sabes que no puede hablarse así en las reuniones, pero yo me hago el de la vista gorda cuando el muchacho no viene.

—Tienes razón —le dijo el otro—, mándale un aviso con alguien y que se justifique; lo que interesa es que esté justificado. Tampoco vamos a calentarnos la cabeza con los problemas sociales que no tienen remedio.

Estrella entró en la oficina cuando ellos salían. Llamó a Julia y a Rosa, las otras profesoras.

—Cierren bien la puerta —les pidió—, para enseñarles lo que traje. Pintura de uñas, acetona. Venta barata.

Las otras, excitadas, revisaban los pomos e indagaban los precios.

—Tuviste que dejar el negocito de los caramelos chupachupa después de la reunión pasada, ¿no? —se mofó Julia.

—¡Si hasta yo misma paré la venta de refresco a granel que tenía en mi casa! —confesó Rosa, riendo a carcajadas.

Estrella preguntó:

—¿No han visto a la maestra de Educación Laboral?

— ¡No viene hoy, hija mía! —aclaró Julia— ¿A que ustedes no saben la noticia? La hija de dieciséis años se le casa mañana. Y lo mejor, con un español cincuentón. ¿Qué les parece?

— ¡Qué buena suerte! —se maravillaron—, atrapó a un extranjero. Ya saben, seguro se van para España.

—Sí, por supuesto. Y todavía el padre andaba lamentándose porque la chiquilla había dejado los estudios. Total, si siempre pasó copiando en los exámenes.

Las tres se echaron a reír.

—Laura está bobeando —sentenció Julia—, cómo va a hacer las cosas así, sin disimular.

Estrella, retomando mentalmente su lugar en el Consejo de Dirección, determinó:

—¡Yo creo que está loca! ¡En la próxima reunión recomiendo que la lleven al psiquiatra!

Salieron juntas del aula. Frente a la entrada de la escuela centraron su atención en un taxi de turismo que acababa de detenerse. Una de las alumnas bajó del auto vistiendo un traje corto y muy estrecho que mostraba sus piernas y su escote de forma provocativa. El pelo lleno de rizos artificiales le caía sobre los hombros. Con una alegre sonrisa desinhibida y

maliciosa, olvidada de las reglas escolares, entró por la puerta
y atrevidamente preguntó:

—¿Adónde anda Fermín, señores? Si, el director. Díganle
que yo lo estoy buscando… ¿me hacen el favor?

DESHABITUACIÓN

El ambiente estaba animado cuando Frómeta apareció tambaleándose en el lobby del hotel. La tripulación del barco mercante al cual pertenecía no lo había echado de menos, disfrutando como estaban de su actividad de despedida después de varios meses de ardua labor en la República de Angola. Ya estaban casi de partida hacia Cuba. Los internacionalistas de Castro, marineros escogidos por dirigentes del gobierno cubano para aquel trabajo, ya sentían la proximidad del retorno a sus hogares.

Frómeta se detuvo ebrio frente al elevador que se abría en el piso bajo. Un grupo le pasó por delante intentando entrar para subir, riendo, conversando. Inesperadamente, Frómeta sacó el revólver, apuntó a Juan José y le disparó un primer tiro que le atravesó el antebrazo derecho, y un segundo tiro que le entró por la espalda y le salió por delante sin contemplaciones. El tercer tiro vagó errático mientras lo detenían.

Juan José no comprendió nada de pronto. No había notado a Frómeta al ganar la entrada del elevador. Sintió que algo lo quemaba por dentro, y girando sobre sí mismo al caer al suelo, alcanzó a ver a su agresor, forcejeando con los otros, rojo de alcohol y de ira, que le gritaba:

—¡Te maté, sinvergüenza! ¡Tú no le desgracias la vida a nadie más!

Lo levantaron, sangrando a cada instante por las heridas, para trasladarlo al hospital cuánto antes. Después de la operación de urgencia, Juan José pudo hablar e informar la localización de su hijo mayor, estudiante de Medicina, que había sido enviado también a una misión en Angola, y se encontraba en un sitio apartado del país.

El hijo llegó a los dos días con su uniforme de militar lleno de polvo, horrorizado por la noticia. En La Habana lo habían reclutado en la Universidad, poco antes de terminar la carrera. Lo montaron en un vehículo directamente del hospital donde acababa su guardia, y «le propusieron una importante misión internacionalista». No lo dejaron despedirse de la familia.

Juan José le doblaba la edad.

—Te pondrás bien, papá —lo consoló el muchacho—, eres un hombre muy fuerte.

Lo era. Sólo había padecido de los riñones en medio siglo de vida, y de algún otro catarro ocasional.

—No importa si muero —dijo—, no importa si me matan por defender mis principios. Estoy obrando como es debido, como la Revolución se merece.

El hijo sabía bien cuán tozudo era el viejo. Había participado en el movimiento Veintiséis de Julio antes del triunfo de Castro en mil novecientos cincuenta y nueve. Luego se incorporó a las milicias, estuvo en Bahía de Cochinos, en el Escambray y subió al Turquino. Creía con los ojos cerrados en las mentiras del comunismo. Abandonó su hogar cada vez que lo necesitaron para cumplir con las exigencias del momento, sin reparar en que la mujer quedaba sola pasando penurias con los hijos. Aguantó hambre, se curtió a la intemperie durante las movilizaciones del ejército, realizó guardias a toda hora, trabajó en la agricultura, se enfrentó a desastres naturales y sabotajes. Los muchachos suyos, una vez que crecieron, se preguntaban qué diablos le daba la Revolución al viejo, como no fueran trabajo y sacrificios inútiles. La Revolución siempre pedía lo mismo y no se le notaba ningún adelanto. Tampoco habían palpado ni asomo de agradecimiento hacia Juan José. Sin embargo, era evidente que él necesitaba aquella fe ciega como el que necesita una droga para vivir. ¿Se sentía importante? ¿Se probaba a sí mismo? ¿Evadía la responsa-bilidad de la casa por su espíritu aventurero? Lo que fuera había terminado mal en aquel barco de tripulación mixta, donde le recomendaron velar por el buen funcionamiento de la misión y por la conducta digna de sus participantes en el nombre del Partido Comunista Cubano.

Él era el secretario del Partido. Dirigía las reuniones de evaluación periódica. Y opinó que Frómeta se merecía un castigo porque se comportaba pésimamente, siempre borracho, haciendo transacciones oscuras al margen del control establecido por las leyes, entrando y sacando de a bordo objetos no autorizados. Los demás miembros del núcleo del Partido también votaron en su contra. ¿Por qué Frómeta lo agredía precisamente a él? Pero hasta ese punto llegó conversando con su hijo, y no quiso decir nada más.

Juan José no mejoraba a pesar de la operación. El abdomen se le puso duro y le dolía mucho. Los cirujanos abogaron por una segunda intervención, ya que el colon, varias veces perforado por la bala, había quedado con una lesión sin suturar. El contenido intestinal salió y le produjo peritonitis. La nueva intervención duró horas y el hombre se puso muy mal, con una evolución tórpida que lo condujo a un cuadro de confusión mental, fiebre y postración.

El hijo se mantenía a su lado sin protestar, aunque era increíble la cadena de complicaciones médicas conocidas.

Evidentemente lleno de angustia, se dio cuenta de que Juan José estaba tan grave por eso como por los mismos disparos. ¿Por qué había tenido tan mala suerte? Los médicos, viendo que todo se complicaba, decidieron evacuarlo a Cuba.

Ya en el avión Juan José comenzó a delirar. Reconocía a su hijo durante escasos momentos de lucidez. Lo ingresaron en un hospital de Medicina Militar en La Habana y, después de una tercera intervención, cayó en coma, muriendo a los tres o cuatro días.

Su deceso traumatizó a la familia, sobre todo porque no hubo aclaraciones apenas acerca de los antecedentes de la situación. Meses después supieron que Frómeta se mantenía en Angola y que había sido juzgado con una condena de diez años de cárcel. Fue inútil cualquier intento por conseguir más información oficial. En respuesta a los requerimientos familiares, propusieron a la viuda una indemnización de seiscientos pesos cubanos.

—Ahora Juan José tiene precio —pensaba—, y un precio miserable, ¡Qué se habrán creído!

A través de amistades que se encontraban en Angola, supieron que Frómeta permaneció dos años en prisión, regresando a La Habana posteriormente, donde desapareció de pronto y nadie pudo seguirle el rastro.

La insatisfacción nunca abandonó a los parientes de Juan José. Hasta que quince años más tarde, un primo apareció en casa del hermano mayor, inesperadamente, a deshora y con gran exaltación:

—Tengo algo que contarte —le dijo— sobre el asunto aquel de tu papá. Estuve conversando con gentes que por esa época dirigían en el puerto, y gentes que estuvieron en la misión con él.

Se sentaron. Con gravedad, el primo añadió:

—El asesino tenía sus antecedentes. Antes de trabajar en el barco de tu viejo, había sido expulsado de otros por borracheras y bravuconerías.

—¿Cómo lo enrolaron entonces para el trabajo en Angola, sabiendo que era un alcohólico? —preguntó el hijo casi saltando del asiento, indignado.

—Fácilmente, verás. Tenía un importante personaje detrás, que le sirvió de padrino, limpió su expediente y lo introdujo de nuevo en la marina mercante.

— ¡Ah, caramba, un socio! —se lamentó el otro.

—Eso no es lo mejor; espérate. Alguien en el barco se dedicaba a negocios extraoficiales. Los contenedores iban cerrados con una mercancía registrada, que en realidad no era tal... y los recibían aparentes funcionarios angolanos. Ya sabes: ayuda para Angola. Harina, azúcar, como fachada.

—¿Y entonces? —comenzaba a sentirse tenso con la intriga.

—Que tu viejo, con su habitual sagacidad, descubrió que los guacales transportaban armas. Por cierto se pagaban muy bien. Armas cubanas vendidas a otro gobierno que por sus características no podía mantener ese tipo de negociaciones con nuestro país: armas cubanas para los contrarios, descargadas en un puerto cercano.

— ¡Pero es demasiado para ser un negocio particular! —gritó el hijo, poniéndose de pie, desesperado. Sacudió al otro que se aguantaba para no llorar—. ¡Zaire estaba agrediendo a Angola, y nosotros luchando por Angola! ¿Sabes cuánta gente nuestra murió allí? ¿Cuántas mujeres quedaron viudas, cuántas madres sin hijos?

—Tu padre no pensó en eso. Aferrado como siempre a la honestidad del gobierno, debe haber telegrafiado a La Habana alguna información.

— ¡El viejo, coño, qué comemierda!

—Seguro le ordenaron que se abstuviera de comunicar su hallazgo hasta que llegara a Cuba, donde contactaría con las autoridades de la Seguridad pertinentes... las que nunca lo recibieron —concluyó el más primo con lágrimas en los ojos.

—Por la sencilla razón de que los contenedores eran de ellos mismos. ¡Lucrando a costa nuestra, los muy...! ¡Y no tenemos pruebas!

—Efectivamente. Frómeta no fue más que un instrumento muy bien utilizado. Y por eso, nunca pagó realmente su crimen. Nosotros no acabábamos de entenderlo: ahora ya tienes la explicación completa. ¡Y la otra cara del internacionalismo!

ADIESTRAMIENTO PARA PROFESIONALES

La noche estaba muy cerrada, tan oscura que ni una estrella osaba asomarse encima de nuestras cabezas. Entre la escasez de combustible y la decrépita vejez del tendido eléctrico, que jamás renovaban, las luces de las calles del pueblo podían contarse con los dedos de una mano. Hacía frío, no obstante, decidí salir. Una poderosa necesidad me aguijoneaba, se me había terminado el papel y sobre la mesa esperaba, inconcluso, el relato del día.

Llevaba semanas y semanas escribiendo historias reales, narradas por conocidos, amigos, pacientes y familiares. Cortos testimonios del efecto de un sistema irracional sobre infelices ciudadanos, que víctimas del insensato experimento social, adolecen de cuanto uno pueda imaginarse. Y hasta de lo que nadie puede imaginarse siquiera.

Sabía que la Seguridad del Estado me vigilaba continuamente desde hacía casi dos años, mandándome advertencias y amenazas disimuladas por boca de varios pacientes, (¿conocedores o no?) para que no continuara trabajando con la población y ayudando indirectamente a la disidencia. «Doctora, a Fulano lo condenaron a no sé cuántos años por propaganda enemiga, ¿usted lo sabe?» «Doctora, Mengano perdió su empleo porque lo declararon no confiable.» Inocentes chismes de barrio que llegaban en el momento preciso. Como no les prestaba oídos, terminaron por mandarme ciertos personajes a la consulta, que repetían como papagayos mis propias frases, mis actividades del día anterior por simples que fueran, por privadas que parecieran, por ocultas que las realizara.

Razón: de alguna manera me espiaban, ¿una «escucha» quizás? o más de una. Tecnología desconocida para mí y para cualquier cubano, sin acceso al Internet naciente. Me lo daban a entender de esa manera pretendiendo alterarme, y que diera una imagen de locura cuando contara que repetían mis pensamientos y que me ponían micrófonos alrededor.

Durante un tiempo largo tuve que vivir con esa espina, sabiendo que violaban mis derechos, sin poder acudir a ningún ser humano, ni a ninguna institución legal. Contarlo era confesar mi labor fuera del ámbito privado de mi casa y darles la oportunidad de divulgarlo y, por tanto, atraparme como deseaban. De lo contrario, tenían que conformarse con sus pruebas ilegales, las cuales no podían publicar.

El resto de mi familia vivía una vida aparentemente normal, desconociendo el control que la Seguridad del Estado ejercía sobre todos, ellos incluidos. Culpaban a la mala suerte cada vez que se les frustraban sus proyectos y negocios. Les hice explicaciones, pero eran demasiado inocentes para comprender el ensañamiento de que éramos objeto, y casi dudaron de mi sanidad mental, ¿pueden ustedes comprender lo que yo sentía?

Salí en bicicleta a casa de mi familia, en horas tempranas de aquella noche, para buscar papel en que escribir. Vivían a tres kilómetros de distancia. Iba despacio; soy una ciclista muy prudente, sobre todo si no veo bien por dónde voy. Doblé por una de las calles laterales, y de frente, una luz me salió en medio del camino. Escuché el ruido del motor. «Una motocicleta», pensé. No obstante, me acerqué por instinto al contén de la acera, a pesar de que en apariencia, existía suficiente espacio entre ella y yo. Unos segundos después descubrí que mi instinto me había salvado de chocar frontalmente contra un auto moderno, que circulaba sin la luz anterior izquierda, violando una elemental regla del tránsito al llevar su único foco encendido en el lado opuesto al del chofer. No pude leer su chapa. No había un alma en la calle, sólo el siniestro vehículo... y yo.

Percibí el riesgo que había corrido y mi corazón palpitó con fuerza. A pesar de ello estaba decidida a ir en busca de mis hojas blancas, y continué pedaleando, buscando la mejor iluminación posible.

Durante el trayecto fui más precavida que nunca. Por primera vez en mi vida tuve miedo de morir. ¿Qué sería de mis hijos si les faltara? ¡Qué cosa tan estúpida, desaparecer de pronto ahora, dejándolo todo inconcluso, por hacer!

Llegué a mi destino con éxito. Conversé con la familia, reí, hice anécdotas; en resumen, se me pasó la terrible impresión recibida. Una hora después recogí el papel y salí de vuelta.

—Cuídate —se despidieron—, ya tenemos encima el treinta y uno de diciembre.

—Descuiden —contesté—, apenas hay carros en circulación. La gente no tiene gasolina, la están ahorrando para el fin de año.

Rodé calle abajo hasta tropezar con Quinta avenida, cubierta de inmensos parches de sombra que alternaban con escasos puntos de luz. Veía muy mal de nuevo. En las solitarias calles de la zona, la única ciclista arrestada era yo.

Me deslicé bajo los almendros, muy cerca del contén. Antes de la acusada curva de La Estrella, pálidamente alumbrados por una luz rutilante, había dos hombres y una mujer. Permanecían juntos en la parada de ómnibus, pero me hablaron como si estuvieran esperándome:

—Apártese señora —dijeron—, ahí a la derecha hay un bache. Échese hacia el centro de la calle.

—Muchas gracias —dije—, y me representé mentalmente la avenida de día, sin poder ubicar el bache referido. En cuestión de segundos, recordé aquel lugar tan conocido, recorrido por mí miles de veces. «No, allí no hay ningún hueco», me respondí enseguida. Y mi instinto me mantuvo arrimada a la derecha.

Fue como un rayo en medio de la profunda oscuridad. Escuché el ronroneo de un auto acrecentándose veloz a mis espaldas. Sin darme tiempo a volver siquiera la cabeza, pasó doblando la curva cerrada, y tan cerca de mí que casi me tumba al suelo. Menos mal que no me aparté de la orilla. Una sospecha lúgubre se anidó en mi cerebro.

Me bajé de la bicicleta y volví media cuadra atrás sobre mis pasos. Las tres personas anteriormente vistas habían desaparecido sin que hubiera transitado guagua alguna, tragadas por una bocacalle negra que nacía entre la parada y la curva. ¿Adónde termina ese ramal? ¡En una unidad militar conocida!

Volví hacia delante despacio, a pie, comprobando con espanto la exactitud de mi memoria. No existía ningún desperfecto en el pavimento. Si me hubiese corrido al centro de la avenida, tratando de evitarlo, me habrían golpeado salvajemente por la espalda con el automóvil. Un automóvil moderno... igual al del foco fundido que un rato antes casi me atropellara. ¿Tal vez el mismo?

Una ciclista alocada. Un accidente de tránsito vulgar. En el primer caso, con encender la luz que nunca estuvo realmente fundida, después de la colisión, ya hubiese estado el chofer libre de culpas. En el segundo, con la declaración de tres testigos... ¿qué más?

Habían tratado de matarme. Llegué a mi casa aterrada y entonces lo conté todo. Tal vez por eso no repitieron los intentos; me hubieran dado la razón al final. De lo contrario, la historia quedaba enmarcada por la duda...

De cualquier forma, terminé de escribir y llegué a los Estados Unidos. Y aquí están mis relatos para ustedes.

Índice